Dipl.-Ing. Torsten K. Keppner
Epfenbergstraße 2-4
74937 Spechbach

D1693670

Melanie Rosliwek-Hollering

Ambient Assisted Living (AAL): ein Zukunftskonzept für die Wohnungswirtschaft?

Wie sich Wohnungsunternehmen den Herausforderungen des demographischen Wandels stellen können

Diplomica Verlag GmbH

Rosliwek-Hollering, Melanie: Ambient Assisted Living (AAL): ein Zukunftskonzept für die Wohnungswirtschaft?. Wie sich Wohnungsunternehmen den Herausforderungen des demographischen Wandels stellen können, Hamburg, Diplomica Verlag GmbH 2013

Buch-ISBN: 978-3-8428-9166-1
PDF-eBook-ISBN: 978-3-8428-4166-6
Druck/Herstellung: Diplomica® Verlag GmbH, Hamburg, 2013

Bibliografische Information der Deutschen Nationalbibliothek:
Die Deutsche Nationalbibliothek verzeichnet diese Publikation in der Deutschen Nationalbibliografie; detaillierte bibliografische Daten sind im Internet über http://dnb.d-nb.de abrufbar.

Das Werk einschließlich aller seiner Teile ist urheberrechtlich geschützt. Jede Verwertung außerhalb der Grenzen des Urheberrechtsgesetzes ist ohne Zustimmung des Verlages unzulässig und strafbar. Dies gilt insbesondere für Vervielfältigungen, Übersetzungen, Mikroverfilmungen und die Einspeicherung und Bearbeitung in elektronischen Systemen.

Die Wiedergabe von Gebrauchsnamen, Handelsnamen, Warenbezeichnungen usw. in diesem Werk berechtigt auch ohne besondere Kennzeichnung nicht zu der Annahme, dass solche Namen im Sinne der Warenzeichen- und Markenschutz-Gesetzgebung als frei zu betrachten wären und daher von jedermann benutzt werden dürften.

Die Informationen in diesem Werk wurden mit Sorgfalt erarbeitet. Dennoch können Fehler nicht vollständig ausgeschlossen werden und die Diplomica Verlag GmbH, die Autoren oder Übersetzer übernehmen keine juristische Verantwortung oder irgendeine Haftung für evtl. verbliebene fehlerhafte Angaben und deren Folgen.

Alle Rechte vorbehalten

© Diplomica Verlag GmbH
Hermannstal 119k, 22119 Hamburg
http://www.diplomica-verlag.de, Hamburg 2013
Printed in Germany

Inhalt

Vorwort 7

1. Einleitung 9
2. Die demographische Entwicklung und ihre Herausforderungen für die Wohnungswirtschaft in Deutschland 12

    2.1. Der demographische Wandel in Deutschland 12

    2.2 Verändertes Wohnen durch den demographischen Wandel 17

3. Aktivitäten der Wohnungswirtschaft in Deutschland zur Bewältigung der demographischen Entwicklung 22

    3.1. Gründe für ein Engagement 22

    3.2. Bereits realisierte Maßnahmen durch die Wohnungsunternehmen 27

        3.2.1. Schaffung von barrierearmem bzw. barrierefreiem Wohnraum und Gestaltung des Wohnumfeldes 28

        3.2.2. Vernetztes Wohnen 31

        3.2.3. Forschungsaktivitäten 38

4. AAL – Ein Begriff, viele Möglichkeiten, viele Beteiligte 41

    4.1. Definition und Begriffsklärung AAL 41

    4.2. Beteiligte 46

    4.3. Ungenutztes Potential des "Ambient Assisted Living": Angebotsoptimierung zur besseren Marktdurchdringung 49

5. Geschäftsmodelle zur Realisierung von AAL-Anwendungen unter besonderer Berücksichtigung der Wohnungswirtschaft 54

6. Leitfaden für ein Engagement von Wohnungsunternehmen zur Bewältigung des demographischen Wandels unter besonderer Berücksichtigung von AAL-Konzepten . 61

    6.1. Strategische Ausrichtung des Unternehmens 61

    6.2. Geplante Maßnahmen und Ausrichtung 63

    6.3. Einbindung und Qualifizierung der Mitarbeiter 66

    6.4. Wahl des Geschäftsmodells 67

    6.5. Finanzierung 70

6.6. Risiken und Hindernisse	71
7. Zusammenfassung und Ausblick	73
Literaturverzeichnis	75
Glossar	80

Vorwort

Die nachstehende Untersuchung hat das Ziel, aktuelle demographische Veränderungen mit dem eher statischen Arbeitsalltag von Wohnungsunternehmen zu verknüpfen. Es wird dabei unterstellt, dass soziale und gesellschaftliche Probleme der Demographie zwar gesamtgesellschaftliche Ursachen und Folgen haben; dass diese Folgen jedoch zugleich individualisierbar sind und sich räumlich und zeitlich verorten lassen. Die Verortung findet dort statt, wo die Auswirkungen den Einzelnen besonders tangieren: im unmittelbaren Wohn- und Lebensbereich.

Die Studie will daneben auf die wachsende Anzahl von Ideen, Konzepten und Instrumenten eingehen, die unter dem Begriff „Ambient Assisted Living" (AAL) – mit massiver staatlicher Förderung – in den letzten Jahren entstanden sind. In diesem Zusammenhang soll empirisch gezeigt werden, welche Schwierigkeiten entstehen können, wenn man versucht (dynamische) AAL-Konzepte mit der (eher statischen) wohnungswirtschaftlichen Praxis im Interesse der Lösung der Probleme der demographischen Entwicklung zu verknüpfen. Es wird dabei unterstellt, dass eine solche Vernetzung sowohl im Interesse der Gesellschaft aber auch des jeweils einzelnen Betroffenen sinnvoll wäre. Das erkenntnisleitende Motiv ist also eine Untersuchung der Chancen, Möglichkeiten und Bedingungen, wie diese drei – ältere Menschen, Wohnungswirtschaft und AAL-Anwendungen – unter einer gemeinsamen Zielsetzung verknüpft werden können.

Dabei sollen keine generalisierenden Modelle entwickelt, sondern Ergebnisse und Antworten auf implizite Fragestellungen, die durchaus normativ prädisponiert sind, analytisch-empirisch begründet werden.

„In einer schrumpfenden, aber gleichzeitig älter werdenden Gesellschaft ergeben sich für die Wohnungswirtschaft große Chancen, aber auch Herausforderungen. Die Versorgung älterer Mitbürger mit attraktivem und preiswertem Wohn- und Lebensraum ist für die Wohnungsunternehmen eine gesellschaftlich sehr verantwortungsvolle Aufgabe. (...) Geeignete Wohnungen müssen baulich angepasst und mit Pflegeservice und weiteren Dienstleistungen verbunden werden. Hierzu werden Kooperationen mit anderen Akteuren als Gesamtprodukt unternehmerisch entwickelt. In dieser Komplexität liegt die Schwierigkeit, aber auch die große Chance, ein attraktives und wachsendes Marktsegment in hoher gesellschaftlicher Verantwortung als win-win-Situation zu entwickeln: Zum Nutzen der Menschen, zur Entlastung der Sozialsysteme und als unternehmerisches Erfolgsmodell der Wohnungswirtschaft."

Lutz Freitag, ehemaliger Präsident des
GdW Bundesverbandes deutscher Wohnungs- und
Immobilienunternehmen e.V.[1]

„Gefordert sind Konzepte für eine erfolgreiche Generationenpolitik, die es älteren Menschen möglichst lange erlaubt, ein unabhängiges und eigenverantwortliches Leben zu führen. Dabei gilt es, die Würde und das Selbstbestimmungsrecht älterer Menschen zu stärken und Lebensqualität so lange wie möglich zu erhalten – jeweils ausgehend vom zentralen Lebensraum: der eigenen Wohnung. Dieser ist so umzugestalten, dass ältere Menschen ihren Alltag weitgehend ohne fremde Hilfe bewältigen können. Der Schlüssel: altersgerechte Assistenzsysteme auf Basis moderner Mikrosystem- und Kommunikationstechnik."

Annette Schavan, Bundesministerin für Bildung und Forschung[2]

---

[1] Narten, Strategien und Potenziale 2007, Vorwort
[2] Bundesministerium für Bildung und Forschung, Selbstbestimmt leben 2010, Vorwort

1. Einleitung

Wie aus den beiden Eingangszitaten deutlich wird, sind sich die wohnungswirtschaftlichen Spitzen und Vertreter der Bundesregierung einig: Die Auswirkungen des demographischen Wandels lassen sich nicht wegdiskutieren, sondern sind aktueller denn je und müssen inhaltlich angegangen werden. Dass sich hieraus neue Aufgaben ergeben, aber auch Chancen und Möglichkeiten für die Eröffnung bisher nicht genutzter oder gekannter Märkte, wird deutlich. Die Möglichkeit, diese neuen Wege zu gehen und den Wohnungsbestand nicht nur altengerecht anzupassen, sondern unter Einsatz moderner Technologien zukunftsfähig zu machen und Deutschland vielleicht sogar auf dem Weg zur Marktführerschaft im Bereich der „welfare technologies"[3] zu begleiten, scheint greifbar.

Ein Schlagwort, das im Zusammenhang von Wohnen, Alter, Zukunft, Dienstleistungen und Technologien immer wieder fällt, ist „Ambient Assisted Living", kurz AAL. Zahlreiche Förderprogramme aus sechs Bundesministerien beschäftigen sich mit AAL-Projekten, das Bundesministerium für Bildung und Forschung bspw. ist schon seit 2004 auf dem Gebiet der AAL-Forschung aktiv und hat die seit 2008 jährlich stattfindenden AAL-Kongresse initiiert. Seit 2009 gibt es dort eine Projektförderung im Bereich Wohnen, in der alleine 45 Millionen Euro für 18 Projekte zur Verfügung stehen. AAL ist also in aller Munde – zumindest in dem des Fachpublikums: Bereits 2008 wurde in der Presse vom „Megatrend Ambient Assisted Living"[4] gesprochen. In der breiten öffentlichen Wahrnehmung und beim Endverbraucher, also dem Nutzer, scheint AAL jedoch noch nicht angekommen. Diese Unkenntnis mag auch daran liegen, dass kaum einer weiß, was sich exakt hinter der Begrifflichkeit „AAL" verbirgt. Schon bei der deutschen Übersetzung und genaueren Definition des Begriffs herrscht je nach Blickwinkel und

---

[3] Heinze, Abschlussbericht 2009, S. 79
[4] http://www.heise.de/newsticker/meldung/Medica-Megatrend-Ambient-Assisted-Living-217889.html
(Stand: 04.01.2012)

Erwartungshaltung des Betrachters Unklarheit. So fragte „das AAL-Magazin" dann auch Anfang 2011 in einem Artikel: „Braucht AAL einen anderen Namen?"[5]

Zahlreiche Definitionen von AAL, unterschiedliche Projektbeteiligte und Intentionen, verschiedenste dahinter stehende Konzepte oder Produkte und damit verbunden diversifizierte Nutzergruppen tragen ebenfalls dazu bei, dass AAL-Lösungen noch nicht wirklich in der Öffentlichkeit angekommen sind. Vielmehr wird der blühenden Projektlandschaft oft eine unkoordinierte „Pilotitis" vorgeworfen, da trotz mehrjähriger Forschungsarbeit bisher nur sehr wenige funktionierende Geschäftsmodelle, gerade für die Wohnungswirtschaft, existieren.[6]

In dieser Untersuchung sollen eine Definition und begriffliche Einordnung der Thematik „AAL" vor allem aus wohnungswirtschaftlicher Sicht erfolgen [Kapitel 4]. Ein wichtiger Aspekt ist hierbei auch die aktuelle und zukünftige Finanzierungssituation von AAL-Lösungen. Die Einordnung und ggf. Abgrenzung erfolgt dabei besonders zu den Bereichen „Smart Home" und Vernetztes Wohnen, die in der Wohnungswirtschaft momentan ebenfalls aktuelle Themen sind, aber nicht immer trennscharf verwendet werden. Daneben soll besonders der Zusammenhang von AAL-Lösungen mit sozialen Dienstleistungen erörtert werden, die von einigen Projektleitern oder Autoren als „zwingend notwendig" für eine erfolgreiche Umsetzung von Geschäftsmodellen genannt werden: „Ein Alarmsystem ist beispielsweise erst dann wirkungsvoll, wenn nach Auslösen eines Signals auch eine Intervention erfolgt (zum Beispiel durch einen Wachdienst)."[7] [Kapitel 5]

Um die Bedeutung von AAL für die Wohnungswirtschaft deutlich zu machen und auch in den großen Komplex des Wohnens im Alter einordnen zu können, ist es allerdings wichtig, sich zuerst einen Überblick über diese Thematik zu verschaffen. Ausgehend

---

[5] das AAL-Magazin, 1/2011, S. 22f.
[6] Vgl. bspw Wedemeier, Vernetztes Wohnen 2011, S. 8
[7] Braeseke, Working paper 12/2011, S. 6

von den Ursachen und Auswirkungen des demographischen Wandels unter besonderer Berücksichtigung für die Wohnungswirtschaft [Kapitel 2] sollen die Anforderungen an das zukünftige Wohnen dargelegt und auch Argumente genannt werden, warum sich die Wohnungswirtschaft mit diesem Thema beschäftigen muss, damit die einzelnen Unternehmen langfristig zukunftsfähig zu bleiben und somit auf dem Vermietermarkt erfolgreich bestehen zu können [Kapitel 3]. Dabei soll deutlich werden, wie unterschiedlich sich Wohnungsunternehmen bisher aufgestellt haben, um den Auswirkungen des demographischen Wandels zu begegnen. Besonders Augenmerk liegt dabei auf den Bereichen des barrierearmen oder -freien Bauens und Vernetztes Wohnen, die beide als Ausgangspunkte dienen können, um AAL-Lösungen zu implementieren – was auch schon von einer kleinen Minderheit der Wohnungsunternehmen erfolgreich umgesetzt wird.

Der Leitfaden in Kapitel 6 soll vor allem bisher vielleicht eher zögerlichen oder reaktiv agierenden Wohnungsunternehmen eine Hilfestellung bieten, sich des Umgangs mit der Thematik Wohnen im Alter im eigenen Unternehmen bewusst zu werden und eventuell (neue) Strategien zu entwickeln, um sich den Herausforderungen des demographischen Wandels zu stellen. Dabei soll der Fokus besonders auf die Einbindung von AAL-Lösungen und sozialen Dienstleistungen im Sinne eines Vernetzten Wohnens gerichtet werden. Angesprochen werden in diesem Leitfaden jene Aspekte, die besonders wichtig scheinen, um eine erfolgreiche Umsetzung der Strategie(n) zu ermöglichen, wie z.B. eine angemessene interne und externe Kommunikation des Vorhabens oder ein „Mitnehmen" und Qualifizieren der Mitarbeiter. Auch kritische Bereiche wie Finanzierung und mögliche Risiken oder Hindernisse bei der Realisierung sollen angesprochen werden.

Das Schlusskapitel dieser Studie soll das bisherige Engagement von Wohnungsunternehmen auf dem Gebiet des Wohnens im Alter kritisch würdigen und auf die Möglichkeit – und vielleicht auch Notwendigkeit – neuer Wege unter besonderer Berücksichtigung von AAL-Lösungen hin zu einem Vernetzten Wohnen hinweisen.

2. Die demographische Entwicklung und ihre Herausforderungen für die Wohnungswirtschaft in Deutschland

2.1. Der demographische Wandel in Deutschland

Die Thematik des demographischen Wandels ist aktueller denn je und wird in den unterschiedlichsten gesellschaftlichen Bereichen diskutiert. Allerdings warnen Experten bereits davor, den demographischen Faktor und seine Auswirkungen nur als Drohpotenzial anzusehen, um endlich die Lösung alter Probleme anzugehen. Stattdessen soll der demographische Wandel als „Ausgangspunkt für eine Diskussion über Problemlagen und Problemlösungen der Zukunft"[8] gesehen werden.

So forderte die Bundesregierung 2009 das Bundesinnenministerium auf, neben der Bildung eines interministeriellen Ausschusses Demographie auf Staatssekretärsebene bis zum Jahr 2011 auch einen „Demografiebericht" vorzulegen, der als Grundlage für eine ressortübergreifende Demographie-Strategie der Bundesregierung dienen soll.[9] Dieser Bericht wurde im Oktober 2011 veröffentlicht und stützt sich dabei im Wesentlichen auf die Zahlen der 12. koordinierten Bevölkerungsberechnung aus dem Jahr 2009.[10] Er analysiert nicht nur die eingetretene und prognostizierte demographische Entwicklung bis 2060 und deren Auswirkungen, sondern soll auch die bisher ergriffenen Maßnahmen der Bundesregierung und zusätzliche Handlungsfelder identifizieren. In dem Bericht wird deutlich, dass sich die demographische Entwicklung auf nahezu alle Lebensbereiche der Bevölkerung auswirken und dabei die gesellschaftliche und wirtschaftliche Entwicklung auf lange Sicht erheblich beeinflussen wird. Schnur spricht gar von einem „sozio-demographischen Wandel"[11], da demographische und soziale Prozesse gleichzeitig auftreten und sich gegenseitig beeinflussen. Aber auch biologische, ökonomische und politische Determinanten werden auf den demographischen Wandel Einfluss nehmen. So sieht denn nicht nur die Bundesregierung in der Gestaltung des

---

[8] Schnur, Demographischer Impact 2010, S. 27
[9] Vgl. Bundesministerium des Inneren, Demografiebericht 2011, S. 8
[10] Diese Zahlen sind weitestgehend eine Fortschreibung der 11. koordinierten Bevölkerungsberechnung und unterscheiden sich nur unwesentlich von dieser. Es ging hierbei vor allem um die Erweiterung der Vorausberechnung um weitere zehn Jahre bis 2060.
[11] Schnur, Demographischer Impact 2010, S. 27f.

demographischen Wandels eine der großen Zukunftsaufgaben[12]: Bei der Befragung von 915 Mitgliedsunternehmen des Bundesverbandes der Deutschen Wohnungswirtschaft (GdW) wurde als eines der wichtigsten aktuellen Themen die nachhaltige Bestandsentwicklung im Sinne einer Berücksichtigung der Zielgruppen im Zusammenhang mit dem demographischen Wandel genannt. Als wichtige Zukunftsthemen gelten die Vorbereitung auf den Strukturwandel und die Umstellung auf altengerechten Wohnraum.[13]

Die Dringlichkeit dieser Aufgabe wird auch bei einem Blick ins europäische Ausland deutlich (siehe Abbildung 1): Im Vergleich der 27 EU-Länder weist Deutschland den höchsten Anteil von 65-jährigen an der Gesamtbevölkerung aus. Zum Stichtag 01.01.2010 lag der Durchschnitt aller EU-Länder bei 17,4% Anteil, während Deutschland mit 20,7% an der Spitze liegt.

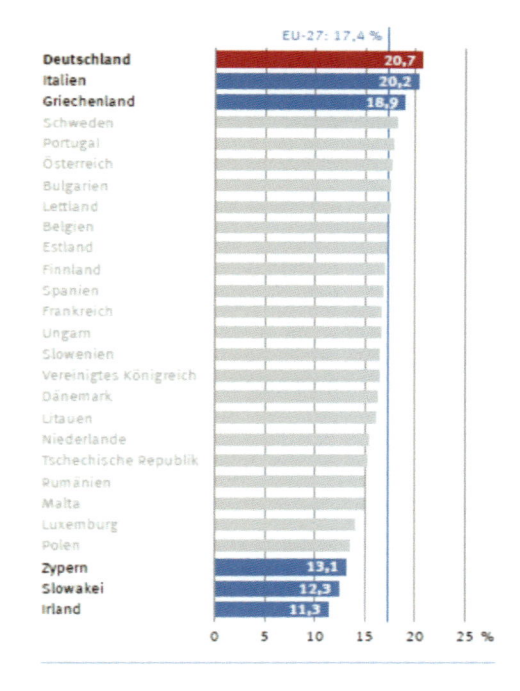

Abbildung 1: Statistisches Bundesamt 2011, Anteil von Personen über 65 Jahre an der Gesamtbevölkerung im europäischen Vergleich, S. 13

---

[12] Vgl. Bundesministerium des Inneren, Demografiebericht 2011, S. 225
[13] Vgl. GdW, Branchenbericht 2011, S. 8f.

Die Gründe für den demographischen Wandel liegen dabei vor allem in der niedrigen Geburtenrate und der längeren durchschnittlichen Lebenszeit. Beide Faktoren werden bis 2060 zu einer Abnahme der Bevölkerung auf ca. 65 bis 70 Millionen Menschen führen (Vergleich 2008: 82 Millionen Einwohner).[14]

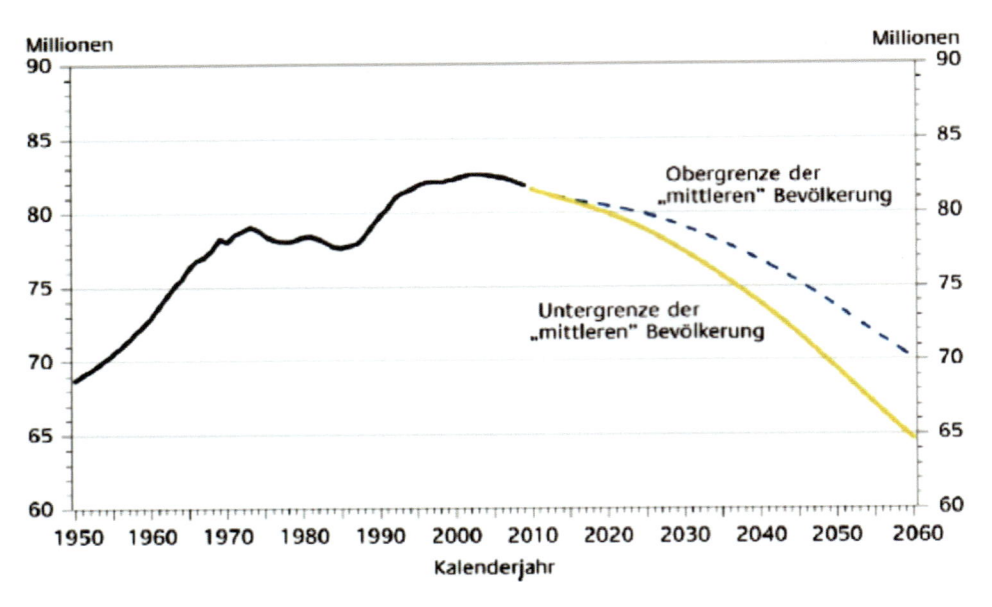

Abbildung 2: Bundesministerium des Inneren, Demografiebericht 2011, Seite 31, Entwicklung der Bevölkerungszahl in Deutschland bis 2060

Die Bevölkerung im Erwerbsalter wird ebenfalls altern und signifikant abnehmen. Gleichzeitig verändern sich die Relationen zwischen Alt und Jung deutlich, nicht zuletzt aufgrund der gestiegenen Lebenserwartung (pro Jahr steigt die Lebenserwartung um drei Monate an). So werden im Jahr 2060 34% der Bevölkerung älter als 65 Jahre sein und es werden doppelt so viele 70-jährige leben, wie Kinder geboren werden.

---

[14] Vgl. u.a. Statistisches Bundesamt, 2009, S. 5f.

Abb 1.3 Anteil der Personen ab 65 Jahren an der Gesamtbevölkerung

21 % (2009) | 29 % (2030) | 34 % (2060)

Abb 1.4 Anteil der Personen ab 85 Jahren an der Gesamtbevölkerung

2 % (2009) | 4 % (2030) | 9 % (2060)

Abb 1.5 Entwicklung der älteren Bevölkerung von 1990 bis 2060 in Deutschland

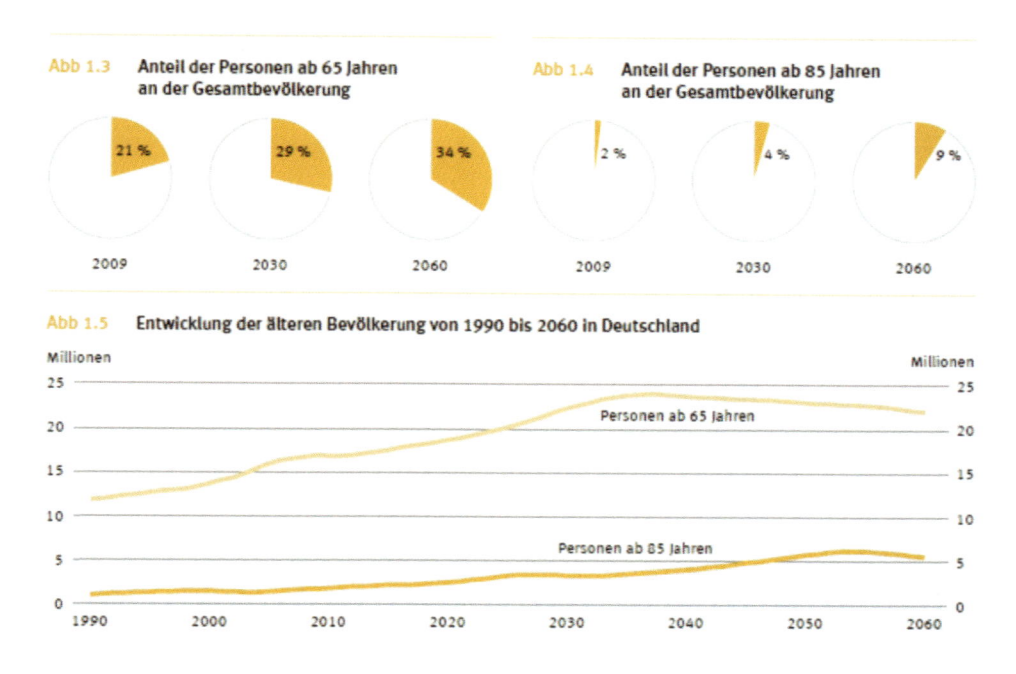

Abbildung 3: Statistisches Bundesamt, 2011, Anteile an der Gesamtbevölkerung, S. 11

Deutlich wird dies auch am sogenannten Altenquotient; dieser beschreibt das Verhältnis von Personen über 65 Jahren zu Personen im Erwerbsalter. Während 2008 auf 100 Personen im Erwerbsalter 34 Ältere entfielen, werden dies 2060 – je nach Ausmaß der Zuwanderung – zwischen 63 und 67 potentielle Rentenbezieher sein, es kommt also zu einer Verdoppelung des Altenquotienten.[15] Man spricht dabei von einem dreifachen Alterungsprozess der Gesellschaft: Die absolute Zahl Älterer wächst, der relative Anteil der älteren Einwohner an der Gesamtbevölkerung nimmt zu und die Zahl Hochaltriger steigt kontinuierlich an.[16] Dabei ist davon auszugehen, dass die meisten Menschen dieses hohe Alter bei immer besserer körperlicher und geistiger Leistungsfähigkeit erreichen werden und die Anzahl der Lebensjahre, die der Mensch in Gesundheit verbringt, wachsen wird.[17] Allerdings wird auch darauf hingewiesen, dass innerhalb der Altersgruppe der Älteren eine strukturelle Verschiebung erwartet wird hin zu Gruppen, die eher chronische Erkrankungen und auch ein erhöhtes Risiko der stationären Behandlungs- oder Pflegebedürftigkeit aufweisen.[18] Daher wird mit einer deutlichen Zunahme

---

[15] Vgl. Bundesministerium des Inneren, Demografiebericht 2011, S. 34
[16] Vgl. bspw. Heinze, Abschlussbericht 2009, S. 18
[17] Vgl. Bundesministerium des Inneren, Demografiebericht 2011, S. 226
[18] Vgl. Heinze, Abschlussbericht 2009, S. 20

des Pflege- und Versorgungsbedarfs dieser Bevölkerungsgruppen in Deutschland gerechnet, allein bis 2030 wird ein Anstieg auf rund 3 bis 3,4 Millionen (2008: 2,34 Millionen)[19] und bis 2050 auf ca. 4 Millionen pflegebedürftiger Menschen[20] prognostiziert.

Da demographische Prozesse aufgrund ihrer Langfristigkeit und Konstanz gut prognostizierbar sind, sind sie nicht nur erwartbar in ihren Konsequenzen, sondern geben auch den entsprechenden Handlungsspielraum, um ihnen zu begegnen.[21] Dies bedeutet, dass die gesundheitliche und pflegerische Versorgung der Bevölkerung vor enormen Herausforderungen steht: Es geht um die Sicherstellung einer bedarfs- und bedürfnisgerechten Versorgungsstruktur, die Bereitstellung qualifizierter Versorgungskräfte in ausreichender Zahl und die bessere Unterstützung von pflegenden Angehörigen und um die Schaffung eines aufeinander abgestimmten Versorgungskonzeptes vor Ort und im Wohnbereich. Es werden neue Instrumente, aber auch neue Kooperationen zwischen unterschiedlichen Dienstleistern notwendig werden, um die Belastungen der Gesundheits- und Sozialsysteme in Grenzen zu halten.[22] Nicht zuletzt ist aber eine weitere Herausforderung und vielleicht sogar Grundbedingung eine altersgerechte Wohnungsversorgung, die von staatlicher Seite durch die Schaffung geeigneter Rahmenbedingungen unterstützt werden muss.[23] Die Bundesregierung identifiziert in ihrem „Demografiebericht" dann auch zehn strategische Handlungsfelder, in denen es u.a. heißt:

> „Ein möglichst langes und selbstbestimmtes Leben [ist] durch förderliche Bedingungen vom altersgerechten Wohnraum bis hin zu familiären und sozialen Netzwerken [zu] unterstützen und eine qualitätsgesicherte und angemessene Gesundheitsversorgung und Pflege [sind] sicher[zu]stellen."[24]

Im folgenden Kapitel soll daher nun gezielt auf die Auswirkungen des demographischen Wandels auf den Wohnungsmarkt in Deutschland eingegangen werden.

---

[19] Vgl. Braeseke et al., Working paper 2011, S. 8
[20] Meyer, AAL 2010, S. 6
[21] Vgl. Heinze, Abschlussbericht 2009, S. 17
[22] Vgl. bspw. Heinze, Abschlussbericht 2009, Vorwort, oder Bundesministerium des Inneren, Demografiebericht 2011, S. 237
[23] Vgl. Deutscher Verband für Wohnungswesen, Wohnen im Alter 2009, S. 4f.
[24] Vgl. Bundesministerium des Inneren, Demografiebericht 2011, S. 244

2.2 Verändertes Wohnen durch den demographischen Wandel

Die Schrumpfung der Bevölkerung und die gleichzeitige Zunahme der Älteren werden das Wohnen und damit den Wohnungsmarkt in Deutschland beeinflussen. Wie stark sich diese Auswirkungen manifestieren, wird besonders durch die jeweilige regionale Lage geprägt sein.

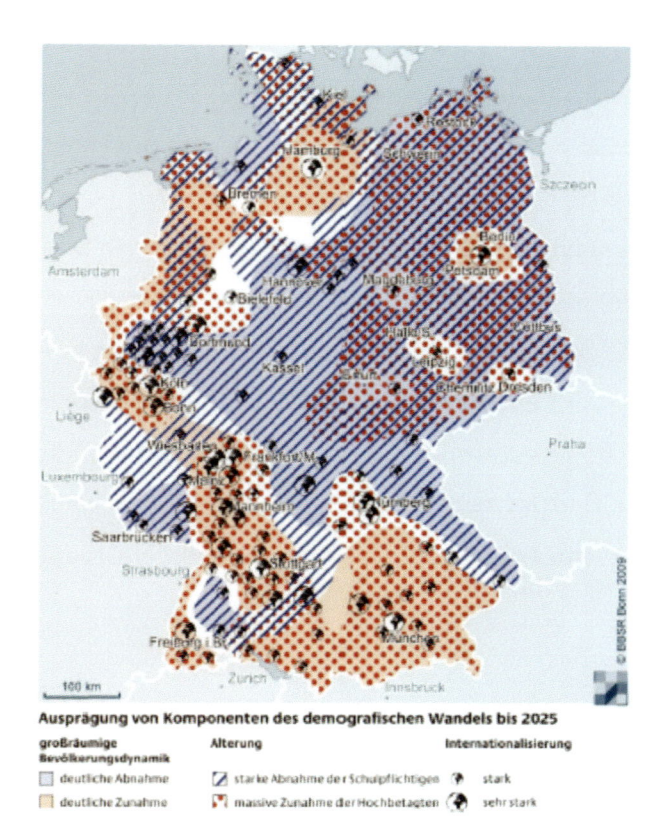

Abbildung 4: Bundesministerium des Inneren 2011, Veränderung in den Regionen aufgrund des demographischen Wandels bis 2060, S. 40

Dabei wird von drei unterschiedlichen Regionaltypen ausgegangen:

- Regionen mit Bevölkerungswachstum bei gleichzeitiger „Alterung von oben" (Zunahme der Anzahl älterer Einwohner), vor allem in Süddeutschland, entlang der Rheinschiene und in den Metropolregionen Hamburg und Berlin;

- Regionen mit Bevölkerungsabnahme bei gleichzeitiger „Alterung von unten" (Abnahme der Zahl jüngerer Personen), vor allem in ländlichen Regionen Westdeutschlands;

- Regionen mit Bevölkerungsrückgang bei gleichzeitiger „Alterung von oben und unten", vor allem in ostdeutschen Regionen.[25]

---

[25] Vgl. Bundesministerium des Inneren, Demografiebericht 2011, S. 39f.

Für den Wohnungsmarkt bedeutet dies, dass in zahlreichen Regionen – besonders in Teilräumen in Ostdeutschland, altindustrialisierten Räumen in Westdeutschland sowie in peripheren, ländlichen Gebieten – zunehmend schwierigere Marktbedingungen herrschen werden, die die Wohnungsunternehmen zum Handeln zwingen werden; teilweise sogar mit besonders hoher Intensität und Geschwindigkeit. Der Wettbewerbsdruck steigt: Der Nachfragerückgang wird spürbar sein, wobei die anhaltende Verkleinerung der Haushalte nur marginale Auswirkungen haben wird. Diese Auswirkungen sind teilweise bereits nachweisbar, so schreibt der *GdW* in seinem Branchenbericht 2011: „Überall dort, wo die sinkende Nachfrage bereits zu realem Wohnungsleerstand führt, ist schon heute ein zunehmender Wettbewerb um den einzelnen Mieter spürbar."[26] Allerdings wird erwartet, dass sich der heute noch stärker regionalisierte Handlungsdruck insgesamt zu einer gesamtgesellschaftlichen Herausforderung ausweiten wird.[27] Und in diesem Wettbewerb um den einzelnen Mieter sind die Älteren wie bereits dargelegt eine stark wachsende Gruppe, auf deren Bedürfnisse sich die Vermieter frühzeitig einstellen sollten. Und das nicht nur, um die älteren Mieter zu halten, sondern darüber hinaus durch gezielte Angebote auch neue Mieter dieser Gruppe zu gewinnen.

Die Auswirkungen des zunehmenden sozialen Wandels zeigen sich ebenfalls im Bereich des Wohnens: Es kommt insgesamt zu einer wachsenden Zahl von Privathaushalten, während gleichzeitig die durchschnittliche Haushaltsgröße in Personen sinkt.[28] Bei der zunehmenden Mieterschaft der Älteren ist dies auch mit dem Remanenzeffekt begründet: Die Senioren sind durchschnittlich besser mit Wohnraum versorgt, da viele in ihren (meist großen) Familienwohnungen leben bleiben, auch wenn die Kinder bereits ausgezogen sind oder/und der Ehepartner verstorben ist.[29] Der Wunsch der Älteren, egal ob Mieter oder Eigentümer, so lange wie möglich in der eigenen Wohnung leben zu können und im vertrauten, generationengemischten Umfeld alt zu werden, lässt

---

[26] GdW, Branchenbericht 2011, S. 11
[27] Vgl. bspw. Deutscher Verband für Wohnungswesen, Wohnen im Alter 2009, S. 10
[28] Vgl. Heinze, Abschlussbericht 2009, S. 21
[29] So spricht Braeseke, Working paper 2011, S. 11, bspw. von durchschnittlich 100qm² großen Wohnungen mit drei Zimmern, Küche, Bad.

sich auch statistisch bestätigen: Gerade einmal 4% der über 65-Jährigen leben in Heimen und vergleichbaren stationären Einrichtungen und das nach empirischen Befunden auch nur deshalb, weil keine eigenständige Lebensführung mehr möglich war.[30] Obwohl das Wohnen im Alter oft mit Sonderwohnformen wie dem Betreuten Wohnen in Verbindung gebracht wird, leben über 93% der über 65-Jährigen in „normalen" Wohnungen. Auch rund zwei Drittel der 90-Jährigen leben noch in ihrer normalen Wohnung und nutzen keine Sonderwohnform.[31] Sogar im Falle von Pflegebedürftigkeit bleiben mit 70% der Betroffenen die meisten zuhause und lassen sich dort von Angehörigen oder ambulanten Pflegediensten versorgen.[32]

Allerdings gibt es auch Untersuchungen, die darauf verweisen, dass sich das Wohnverhalten der heutigen Senioren in Zukunft ändern wird.[33] Durch die Abnahme traditioneller Werte und gleichzeitige Zunahme hedonistischer Lebensweisen kommt es zu einer soziokulturellen Differenzierung der „Neuen Alten". Dies führt u.a. dazu, dass die Umzugsbereitschaft auch in späteren Jahren ansteigt. Die Wünsche der Mieter werden zudem individueller und differieren je nach Haushaltsgröße, finanziellen Möglichkeiten und Wohnvorstellungen. Die Analyse dieser Wohnwünsche und Wohnverhaltensmuster in einer stetig alternden und zunehmend individualisierten Gesellschaft wird deshalb eine „Zukunftsaufgabe der Wohnungswirtschaft sein, um auf Nachfragetrends auch kurzfristig reagieren zu können"[34]. Die Weltgesundheitsorganisation (WHO) hat im Zusammenhang mit dem demographischen Wandel das Leitbild des „Aktiven Alterns" entwickelt und das Konzept wie folgt definiert: „Unter aktivem Altern versteht man den Prozess der Optimierung der Möglichkeiten von Menschen, im zunehmenden Alter ihre Gesundheit zu wahren, am Leben ihrer sozialen Umgebung teilzunehmen und ihre persönliche Sicherheit zu gewährleisten und derart ihre Lebensqualität zu verbessern."[35] Wichtige Bestandteile dieses Leitbildes sind die Wahrung und Förderung der Autonomie, der Unabhängigkeit und selbstbestimmter Lebensführung sowie die

---

[30] Vgl. Heinze, Abschlussbericht 2009, S. 21
[31] Vgl. Bundesministerium für Verkehr, Bau und Stadtentwicklung, Wohnen im Alter 2011, S. 9
[32] Vgl. Heinze, Abschlussbericht 2009, S. 21
[33] Vgl. Poddig, Die "Neuen Alten" 2006, S. 213f.
[34] GdW, Branchenbericht 2011, S. 15
[35] WHO, Aktiv Altern 2002, S. 12

Stärkung des familiären, nachbarschaftlichen und sozialen Netzwerkes. Als Bedarfskategorien älterer Menschen gelten darüber hinaus eine bessere Lebensqualität und Teilhabe am sozialen Leben, eine Erhöhung der Sicherheit und des Wohnkomforts, ein besserer Umgang mit chronischen Erkrankungen und der Erhalt der Bereiche Mobilität und Kommunikation.[36] Diese Kategorien stellen gleichzeitig auch Anforderungen an die eigene Wohnung und damit auch an den Vermieter: Der demographische Wandel erfordert also eine Anpassung der Wohnformen an die Bedarfslagen älterer Menschen. Diese zeichnen sich unter anderem dadurch aus, dass eine weitgehend barrierefreie bzw. barrierereduzierte[37] Gestaltung der Wohnung (Wohnraumanpassung) und des Wohn-umfeldes vorliegen, die idealerweise durch fußläufig erreichbare Versorgungseinrichtungen ergänzt werden. Dazu gehören aber auch Wohnformen, die „mit umfassenden Unterstützungsleistungen verknüpft sind und Angebote zur sozialen Einbindung vorhalten"[38].

Der zusätzliche Bedarf nach solchen altersgerechten Wohnungen kann teilweise durch Neubaumaßnahmen gedeckt werden, im Wesentlichen wird es jedoch darum gehen, den Wohnungsbestand anzupassen. Allerdings sind nur die wenigsten Wohnungen, gerade im lange bewohnten Altbestand, den Anforderungen dieser immer größer werdenden Mieterschaft gewachsen. So weist das Bundesministerium für Verkehr, Bau und Stadtentwicklung in seinem Bericht zum „Wohnen im Alter" (2011) darauf hin, dass in einer, in seinem Auftrag durchgeführten, repräsentativen Befragung von 1.000 Privathaushalten, in denen mindestens eine Person im Alter von 65 Jahren oder mehr lebt, gerade einmal 5% von aktuell 11 Millionen Seniorenhaushalten als barrierefrei eingestuft werden können. Dies entspräche etwas mehr als einer halben Million Wohnungen; 83% weisen hingegen erhebliche Barrieren in ihrer Wohnung auf und haben somit erhöhten Anpassungsbedarf. Selbst wenn man diese entsprechend angepassten Wohnungen nur älteren Menschen mit Bewegungseinschränkungen anbieten würde,

---

[36] Vgl. bspw. Braeseke, Working paper 12/2011, S. 4
[37] Die Begriffe barrierearm und barrierereduziert werden in dieser Arbeit synonym verwendet (siehe Glossar).
[38] Bundesministerium für Verkehr, Bau und Stadtentwicklung, Wohnen im Alter 2011, S. 9

ergäbe sich immer noch ein Bedarf von 2,5 Millionen barrierefreien Wohnungen, der bis 2020 auf ca. 3 Millionen ansteigen wird.[39]

Es scheint also dringend geboten, den demographischen Wandel nicht nur abzuwarten, sondern in allen gesellschaftlichen und wirtschaftlichen Bereichen, auf staatlichen und nichtstaatlichen Ebenen, aktiv und nachhaltig zu gestalten. Dies bedeutet, die Herausforderungen einer älter werdenden Gesellschaft anzunehmen und gleichzeitig die Chancen eines längeren und gesunden Lebens zu nutzen. Im folgenden Kapitel soll daher auf die Rolle der Wohnungswirtschaft als möglicher Gestalter des demographischen Wandels und seine Aufgaben eingegangen werden.

---

[39] Vgl. Bundesministerium für Verkehr, Bau und Stadtentwicklung, Wohnen im Alter 2011, S. 10f.

3. Aktivitäten der Wohnungswirtschaft in Deutschland zur Bewältigung der demographischen Entwicklung

Dass sich die Wohnungswirtschaft mit den Auswirkungen des demographischen Wandels beschäftigt, ist kein Phänomen der letzten Jahre: Bereits in den 1980er Jahren wurde über Demographie und verändertes Wohnen nachgedacht.[40] Erste Überlegungen für neue Wohnkonzepte wurden bereits Mitte der 80er Jahre vorgestellt, dann rückte dieses Thema allerdings aufgrund der Wiedervereinigung und deren Folgen in den Hintergrund. Erst gegen Ende der 1990er wurde diese Debatte erneut von der Wohnungswirtschaft aufgegriffen. In den vergangenen Jahren wurden dann auch von den wohnungswirtschaftlichen Verbänden verstärkt Arbeitsgruppen und Expertenrunden[41] zu diesem Thema ins Leben gerufen und die Bezeichnung „Wohnung als dritter Gesundheitsstandort" eingeführt.[42] Auch wurde damit begonnen, die Bezeichnung Wohnen im Alter durch „Wohnen für ein langes Leben" in der wohnungswirtschaftlichen Fachpresse sukzessive zu ersetzen, um einer Stigmatisierung entgegenzuwirken.[43] Im vorliegenden Kapitel soll nun verstärkt auf die Gründe eingegangen werden, weswegen sich Wohnungsunternehmen auf diesem Feld engagieren und welche Maßnahmen bisher – in welchem Umfang – realisiert wurden.

3.1. Gründe für ein Engagement
Leerstandsvermeidung

Als das zentrale Motiv für ein Engagement der Wohnungsunternehmen mit Blick auf die Auswirkungen des demographischen Wandels wird die Vermeidung von Leerstand gesehen. Diese Vermutung wurde auch durch eine Untersuchung bestätigt, die der GdW in allen Regionalverbänden Deutschlands durchführen ließ und im Jahr 2007 veröffentlichte. Bei der Auswertung von 431 Fragebögen aus ganz Deutschland sollte die zentrale Hypothese überprüft werden, ob ein hoher Anteil an alten Mietern und eine

---

[40] Vgl. Narten, Strategien und Potenziale 2007, S. 9
[41] Vgl. Deutscher Verband für Wohnungswesen, Wohnen im Alter 2009, S. 33
[42] Vgl. bspw. GdW, Branchenbericht 2011, S. 26
[43] Vgl. bspw. Wedemeier, Vernetztes Wohnen 2011, S. 2

hohe Leerstandsquote dazu führen, dass sich Wohnungsunternehmen auf diesem Gebiet engagieren.[44] Die Befragung zeigte, dass ein hoher Altenanteil in der Mieterschaft allein noch kein ausschlaggebender Grund für stärkeres Engagement darstellte, sondern erst ein (bereits eingetretener oder prognostizierter) Leerstand die Unternehmen zum Handeln motivierte.[45] Dem Leerstand kann hier auf zweierlei Wegen entgegengetreten werden: Zum einen, indem die älteren Mieter länger in den Wohnungen gehalten werden (z.B. durch Umbauten oder zusätzliche Angebote) und zum anderen, indem der Bestand verstärkt auf Senioren ausgerichtet wird und neue Mieter durch das Angebot attraktiver Wohnkonzepte gewonnen werden. Dies führt zu einem Erhalt bzw. Neugewinn einer bestimmten Mieterklientel, die für die Wohnungswirtschaft aus mehreren Gründen attraktiv ist: Senioren gelten als zuverlässige Mietenzahler und sind meist unauffällige und ruhige Mieter, von denen in der Regel kaum Vandalismusschäden zu befürchten sind und die, etwa durch die Übernahme gemeinschaftlicher Aufgaben wie die Pflege von Mietergärten, sozial stabilisierend wirken.[46] Außerdem führt der längere Verbleib der Mieter in der Wohnung auch dazu, finanziell aufwändige Mieterwechsel zu vermeiden und Zinseffekte, z.B. aus später fällig werdenden Sanierungen, zu generieren.

Kundenbindung durch erhöhten Wohnkomfort

Auch in den Regionen, in denen die Nachfrage nach Wohnraum das Angebot überschreitet, gewinnt eine erfolgreiche Kundenorientierung und damit Kundenbindung im „Kampf" um die Mieterschaft an Bedeutung: „Ein gutes Image, ein Wohnungsangebot, das den Nachfragewünschen entspricht und an den Kundenwünschen orientierte Serviceleistungen erhöhen die Chance, im Wettbewerb zu punkten."[47] Denn eine Erhöhung des Wohnkomforts durch Umbauten oder zusätzliche Serviceangebote unterliegt eben nicht nur der Ausrichtung auf eine bestimmte Mieterklientel, in diesem Fall die Älteren, sondern bietet allen Generationen Vorteile. So sind verbreitete Türen und

---

[44] Vgl. Narten, Strategien und Potenziale 2007, S. 15
[45] Vgl. Narten, Strategien und Potenziale 2007, S. 23
[46] Vgl. Poddig, Die "Neuen Alten" 2006, S. 212
[47] GdW, Branchenbericht 2011, S. 11

schwellenlose Zugänge ins Haus und in die Wohnung für Familien mit Kinderwagen genauso vorteilhaft und komfortabel, wie Wohnungen mit neuen Möglichkeiten digitaler Vernetzung (z.B. Smart Metering[48]) technikaffine Mieter begeistern. Es soll hier also – gerade mit barrierefreiem Bauen – nicht das Bauen für „spezifisch stigmatisierte Randgruppen assoziiert werden"[49], sondern im Sinne eines „universal design" eine Erhöhung des Komforts für alle. So schreiben Fischer und Meuser, dass barrierefreies Bauen für „etwa 10% der Bevölkerung zwingend erforderlich, für bis zu 40% immerhin notwendig und für 100% schlichtweg komfortabel ist."[50]

Erweiterung der Geschäftsfelder

Daneben ergibt sich für die Wohnungswirtschaft die Möglichkeit einer Erweiterung des Kerngeschäfts vor allem um wohnungsnahe oder wohnbegleitende Dienstleistungen und Produkte. Während sich die Mehrzahl der Unternehmen bis vor kurzem noch vollständig auf die Kernkompetenz, nämlich das Bauen und Verwalten von Wohnungen beschränken wollte,[51] erkennen immer mehr Unternehmen die Chancen, auch hier im Sinne der Kundenbindung zu agieren und den Mietern einen „Mehrwert" zu bieten und so neue Zielgruppen zu erschließen.[52] Wichtig ist allerdings eine Kompatibilität dieser Zusatzangebote zur grundsätzlichen Ausrichtung und Außenwahrnehmung des Unternehmens, um als Vermieter weiter glaubhaft zu wirken. Dies können neben der thematisierten direkten Ausrichtung auf Senioren auch Angebote für die ganze Mieterschaft sein: So kann das Serviceangebot der Haushaltshilfe, das vielleicht ursprünglich nur für Senioren gedacht war, auch für die ganze Mieterschaft gelten. Wichtig ist allerdings die Entscheidung des Unternehmens, ob diese Zusatzangebote in Eigenregie erbracht werden sollen oder dafür geeignete Kooperationspartner gesucht werden.[53] Durch das Offerieren zusätzlicher Angebote kann sich der Vermieter seinem Mieter auch in einem neuen Selbstverständnis präsentieren: Er ist nun nicht mehr bloßer Be-

---

[48] Erläuterung siehe Glossar bzw. spätere Ausführungen
[49] Harlander, Wohnen im Alter 2010, S. 122
[50] Fischer/Meuser, Barrierefreie Architektur 2009, S. 11
[51] Vgl. Narten, Strategien und Potenziale 2007, S. 106
[52] Vgl. GdW, Branchenbericht 2011, S. 85
[53] Siehe hierzu Kapitel 6, Leitfaden

reitsteller von Wohnraum, sondern kann sich als „Helfer bei der Umsetzung von mehr Sicherheit, mehr Komfort und optimierter Einbindung in die Dienstleistungen der Umgebung"[54] positionieren. Dies schafft breitere Kommunikationsmöglichkeiten mit den Mietern im Sinne einer verbesserten Kundenbetreuung.

„Die Wohnung als dritter Standort für Gesundheit"

Im Zusammenhang mit der erfolgreichen Kundenbindung und dem Ausbau des Kerngeschäfts kann auch die Betrachtung der Wohnung als dritter Standort für Gesundheit gesehen werden. Durch die Erweiterung der Aufgaben der Wohnung hin zu einer verstärkten Möglichkeit der längeren Betreuung und Pflege in den eigenen vier Wänden, und somit weg vom Gang ins Pflegeheim, ergeben sich hier neue Chancen für den Vermieter. Speziell ausgestattete Wohnungen mit Notrufsystemen oder telemedizinischen Hilfsmitteln können den Verbleib gesundheitlich gefährdeter Menschen (z.B. bei Herzinsuffizienz, chronischen Lungenerkrankungen oder auch im Nachgang zu einer Operation) gewährleisten und Nachsorge, z.B. per telemedizinischer Sprechstunde oder Datenübermittlung an Fachkräfte, erleichtern. Allerdings müssen hier noch Finanzierungsmöglichkeiten für diese Ausstattungsmerkmale geklärt werden: Es kann nicht erwartet werden, dass der Vermieter diese Funktionen kostenfrei zur Verfügung stellt, und die weiteren Nutznießer neben den Mietern, insbesondere die Kranken- und Pflegekassen, die sich erhebliche Kosten für Krankenhaus- oder Heimaufenthalte ersparen, keine finanzielle Beteiligung übernehmen.[55] Durch eine verstärkte Offenheit gegenüber diesen neuen technischen Möglichkeiten ergeben sich also auch auf diesem Gebiet zusätzliche Chancen für die Wohnungsunternehmen.

Beitrag zur Stadtrendite/ Erwirtschaftung einer Sozialrendite

Ein weiterer Grund für ein Engagement der Wohnungswirtschaft ist eine vermehrte Übernahme von Aufgaben der öffentlichen Hand. Es wird zu einer Verbreiterung der „Dienstleistungslücke" kommen, während gleichzeitig ein Rückgang der Staatstätigkeit

---

[54] GdW, Vernetztes Wohnen 2007, S. 94
[55] Vgl. bspw. Interview mit Prof. Henke, AAL-Magazin 1/2011, S. 18ff. oder Heinze, Abschlussbericht 2009, S. 80

zu vermuten ist.[56] Die Bundesregierung sieht denn auch die Wohnungsunternehmen in einer besonderen Verantwortung gegenüber ihren älteren Mietern, da diese häufiger alleine leben und auch häufiger hochaltrig, mobilitätseingeschränkt und pflegebedürftiger sind als Seniorenhaushalte im selbstgenutzten Wohneigentum.[57] Gerade die kommunalen Wohnungsunternehmen sehen in einem Engagement auf diesem Gebiet ihrerseits einen Beitrag zur Stadtrendite oder zur Erwirtschaftung einer Sozialrendite, der das Funktionieren des Gemeinwesens unterstützt und zur Entlastung der Kommunen direkt und indirekt beiträgt.[58] Hier kam es in den letzten Jahren zu einem intensiven Dialog zwischen den Kommunen und der Wohnungswirtschaft, inwieweit sich (vordringlich kommunale) Wohnungsunternehmen weiterer Aufgaben annehmen sollen, die ihr eigentliches Kerngeschäft überschreiten, aber dem Gemeinwohl dienen. Gerade wenn es sich dabei um kostenintensive Aufgaben handelt, bei denen hohe Investitionen getätigt werden, denen aber keine „direkten" Einnahmen gegenüberstehen, wird kontrovers diskutiert. So führen ein Engagement in einem Quartier oder der Aufbau von Unterstützungsleistungen oder Serviceangeboten eher zu langfristigen Effekten wie eben Mieterbindung oder Kundenzufriedenheit. Wie bereits dargestellt, bringt der längere Verbleib der Mieter bspw. durchaus ökonomische Effekte mit sich (für die Wohnungswirtschaft bspw. feststellbar in den Zinseffekten und für die Sozial-, Kranken- und Pflegekassen in der Vermeidung von Heimkosten), diese sind aber oftmals schwer quantifizierbar und vor allem selten direkt zuordenbar. Eine nachvollziehbare und anerkannte Darstellung dieser (in)direkten Kostenreduzierung wird allerdings notwendig sein, um Kommunen und Pflegekassen davon zu überzeugen, diese Maßnahmen finanziell zu unterstützen und mit den Wohnungsunternehmen neue Kooperationen einzugehen und Abrechnungsmöglichkeiten der entstehenden Kosten zu eröffnen. Die Notwendigkeit eines Engagements der Wohnungswirtschaft, das sich aus den Anforderungen des demographischen Wandels ergibt, scheint also mittlerweile –

---

[56] Vgl. GdW, Branchenbericht 2011, S. 85
[57] Vgl. Bundesministerium für Verkehr, Bau und Stadtentwicklung, Wohnen im Alter 2011, S. 10
[58] Die degewo ließ ihren Beitrag zur Stadtrendite als kommunales Wohnungsunternehmen bereits 2008 und erneut 2011 wissenschaftlich untersuchen und auf Grundlage einer Formel berechnen. (http://www.degewo.de/content/de/Unternehmen/4-11-Downloads.html, Stand: 03.01.2012).
Aber auch Wohnungsgenossenschaften beschäftigen sich vermehrt mit Möglichkeiten des Beitrags der Stadtrendite, so z.B. in Lenk, Sozialrendite von Wohnungsgenossenschaften, 2011

zumindest im Großteil der Branche – angekommen zu sein. So schreibt der *GdW* dann auch in seinem Branchenbericht zu den „Unternehmenstrends 2020":

> „Insbesondere der vielerorts rasante Anstieg der Hochaltrigen noch in diesem Jahrzehnt wird dazu führen, dass neben einer altersgerechten Ausstattung der Wohnungen ein entsprechendes wohnbegleitendes Serviceangebot für Senioren einen beinahe schon obligatorischen Charakter erhalten wird."[59]

3.2. Bereits realisierte Maßnahmen durch die Wohnungsunternehmen

Während einige Wohnungsunternehmen in Deutschland schon seit längerem den Fokus auf ihre älteren Mieter gerichtet und zahlreiche Maßnahmen oder Projekte installiert haben, verhält sich die weit überwiegende Mehrzahl der Unternehmen eher abwartend. Obwohl der GdW bereits 2007 die Vermutung aufstellte, dass „immer mehr Wohnungsunternehmen die damit verbundenen Marktchancen erkennen"[60], wies *Narten* in ihrer Untersuchung für den GdW deutlich darauf hin, dass die meisten Unternehmen erst dann agieren, wenn Leerstand im eigenen Bestand bereits eingetreten ist oder droht. Bis dahin wird meist nur reaktiv agiert, also bspw. auf Mieteranfragen nach einer Wohnraumanpassungsmaßnahme.[61]

Im Folgenden sollen kurz die wesentlichen Möglichkeiten dargestellt werden, die Wohnungsunternehmen haben, um auf dem Gebiet des demographischen Wandels aktiv zu werden. Dabei konnten drei Bereiche identifiziert werden, die bisher unterschiedlich intensiv eingeführt sind.[62] Die Reihenfolge der Beschreibung der drei Bereiche erfolgt daher auch nach ihrer Häufigkeit: Die Schaffung von barrierearmem Wohnraum wird von den meisten Wohnungsunternehmen –mehr oder weniger intensiv – praktiziert, ist aber das am meisten angewandte Mittel. Das Kapitel „Vernetztes Wohnen" beschäftigt sich mit Ausprägungen sozialer Dienstleistungen und dem Angebot moderner Technik sowie der Verbindung dieser beiden Bereiche: Während sich Ange-

---

[59] GdW, Branchenbericht 2011, S. 86.
[60] GdW, Vernetztes Wohnen 2007, S. 101
[61] Vgl. Narten, Strategien und Potenziale 2007, S. 33ff.
[62] Der GdW bspw. spricht von drei strategischen Säulen: Bau - Soziales - Mehrwertdienste, in. Vernetztes Wohnen 2007, S. 86.

bote von zusätzlichen Serviceleistungen – in Eigenregie oder mit Kooperationspartnern – für die Mieter, die sich meist auf „klassischen" Gebieten wie Hausreinigung oder soziale Betreuung bewegen, relativ häufig finden, sind Serviceleistungen in Verbindung mit modernen Technologien noch eher die Ausnahme und auch die Ausrüstung von Wohnungen mit modernen Geräten oder Anwendungen ist noch nicht weit verbreitet. Die Teilnahme oder Initiierung von Forschungsaktivitäten schließlich wird von noch weniger Wohnungsunternehmen angegangen.

3.2.1. Schaffung von barrierearmem bzw. barrierefreiem Wohnraum und Gestaltung des Wohnumfeldes

Umbauten/Veränderungen im Wohnungsbestand

Die wohl bekannteste und von den Unternehmen am meisten angewandte Methode, um den Anforderungen der immer älter werdenden Mieterschaft entgegenzuwirken, sind seniorengerecht angepasste Wohnungen. Hierbei kann zwischen drei Bereichen unterschieden werden:

- Individuelle Wohnraumanpassung im Bestand

Hierbei handelt es sich um eine senioren- bzw. altengerechte Anpassung der Wohnung, die meist aufgrund individueller Anfragen einzelner Mieter durchgeführt wird. Seniorengerecht bedeutet in diesem Fall oftmals eine Reduzierung vorhandener Barrieren, z.B. wird die Schwelle zum Balkon mit einer Rampe überbrückt oder der Umbau von Badewanne zu (bodengleicher) Dusche vorgenommen. Hierbei werden meist nur einzelne, individuell störende Barrieren entfernt; die Wohnung wird also hier nicht in einen grundsätzlich barrierefreien Zustand versetzt, sondern es kommt zu einer Umsetzung von Mindeststandards im Bereich Barrierefreiheit.[63] Diese Umbauten werden oftmals auch nur dann durchgeführt, wenn der Mieter mit seinen persönlichen Problemen auf das Unternehmen zugeht und zusätzlich für eine Kostenübernahme, z.B. bei

---

[63] Zur Begriffsklärung siehe Glossar

Vorliegen einer Pflegestufe durch die Pflegekasse oder durch Aufnahme eines KfW-Kredites, sorgt. Über die Möglichkeiten der Wohnraumanpassung informieren mittlerweile viele Ratgeber für Senioren,[64] es gibt eine „Bundesarbeitsgemeinschaft Wohnungsanpassung e.V." und Pflegestützpunkte oder Kranken- und Pflegekassen geben ebenfalls Auskunft. Dass die Wohnungsunternehmen selbst geschulte Mitarbeiter auf dem Gebiet der Wohnraumanpassung einsetzen, ist bisher die Ausnahme.

- Vorsorgliche Anpassung anlässlich von Sanierungen oder Modernisierungen

Einige Unternehmen achten mittlerweile verstärkt darauf, bei Sanierungs- oder Modernisierungsmaßnahmen bereits barrierearme bzw. barrierefreie Wohnungen (z.B. unter Anwendung entsprechender DIN-Normen) in das Gesamtkonzept zu integrieren oder bauen in diesem Zusammenhang komplette Blöcke seniorengerecht um.[65] Diese Wohnungen bieten meist keine zusätzlichen, bereits im Mietpreis enthaltenen Betreuungsleistungen, sind also kein „Betreutes Wohnen". Daher handelt es sich hierbei im Vergleich um eine kostengünstigere Form des Wohnens im Alter, da Zusatzleistungen bei Bedarf vom Mieter selbst eingekauft werden können. Die gezielte Nachfrage nach diesen Wohnungen scheint in den letzten Jahren stark angestiegen zu sein, da Wohnungsunternehmen mit solchen Immobilien offensichtlich gute bis sehr gute Auslastungen zu verzeichnen haben, teilweise mit Wartelisten.[66] Allerdings fehlen auf diesem Gebiet bisher verlässliche empirische Daten.

- Anpassung des Wohnumfeldes

Hierbei werden im Wohnumfeld Aspekte des barrierefreien Bauens berücksichtigt, bspw. beim ebenerdigen Zugang zum Haus oder der Vermeidung von „halben Treppen" beim Zugang zum Aufzug. Daneben gewinnen aber auch neue Elemente, wie Un-

---

[64] Bspw. Holzamer, Optimales Wohnen und Leben im Alter 2008
[65] So hat bspw. die Wohnungsbaugenossenschaft "Marzahner Tor" 2011 bei der Sanierung von mehreren Blöcken in Berlin-Marzahn drei Häuser mit je 6 Wohnungen barrierefrei umgestaltet und technische Vorrichtungen, wie einen integrierten Notruf und funkvernetzte Rauchmelder, installiert.
[66] Diese Annahme beruht auf Gesprächen der Autorin mit Kundenbetreuern und Seniorenbeauftragten verschiedener Wohnungsunternehmen in ganz Deutschland.

terbringungsmöglichkeiten für Rollatoren oder verbesserte Aufenthaltsqualitäten in den Außenanlagen an Bedeutung. Umsetzung finden solche Maßnahmen zumeist bei Sanierungen oder Neubauten. Diese Anpassungsmaßnahmen bei Wohnungen, Gebäuden und Wohnumfeldern sind die am meisten verbreitete Methode und oft der erste Schritt des Unternehmens mit der Beschäftigung mit dem Gebiet „Wohnen für ein langes Leben". Allerdings sind mit dieser Thematik noch längst nicht alle Wohnungsunternehmen vertraut und überlassen die Mieter und ihre Probleme dann weitestgehend sich selbst. So wurden als Gründe gegen ein Engagement auf diesem Gebiet von *Narten* folgende Argumente identifiziert:[67]

- o Kaum Kenntnisse im Unternehmen über technische Lösungen, Kosten und Beratungserfordernisse.
- o Keine Kenntnisse über Finanzierungsmöglichkeiten, Umbauten werden als sehr teuer und aufwändig eingeschätzt.[68]
- o Viele Unternehmen sehen den Mieter in der „Bringschuld", Aussage: „Keine schlafenden Hunde wecken".
- o Personelle Überforderung.
- o Teilweise wird die Auffassung vertreten, dass sich jemand, der das braucht, eine andere Wohnung suchen müsse.

Hierbei wird deutlich, dass viele Unternehmen vor allem aus Unwissenheit einer Beschäftigung mit diesen Themen bisher eher zurückhaltend gegenüberstehen. Auch das Bundesministerium für Verkehr, Bau und Stadtentwicklung stellte 2011 im Rahmen einer Untersuchung fest, dass noch „erhebliche Kenntnislücken im Hinblick auf die Bedeutung barrierefreier Wohnungsangebote für eine selbstständige Lebensführung im Alter, in Bezug auf praktikable und bewährte Möglichkeiten der Anpassung sowie über mögliche Kosten und Finanzierungswege"[69] bestehen.

---

[67] Vgl. Narten, Strategien und Potenziale 2007, S. 28f.
[68] In einer Studie des Bundesministeriums für Verkehr, Bau und Stadtentwicklung, Wohnen im Alter 2011, S. 11f., wurden als durchschnittliche Kosten errechnet: 12.900€ für die Beseitigung aller Barrieren im Innenbereich, 6.300€ bei Anpassungsbedarf im Zugang und 19.200€ je Wohnung bei Anpassungsbedarf sowohl im Innen- als auch im Außenbereich.
[69] Bundesministerium für Verkehr, Bau und Stadtentwicklung, Wohnen im Alter 2011, S. 13

Nachbesserung und Neuschaffung von seniorengerechten Sonderwohnformen

Spezielle Sonderwohnformen für Senioren sind bisher eher die Ausnahme und rangieren bei den Aktivitäten der Wohnungsunternehmen auf den hinteren Rängen.[70] Hierbei handelt es sich meist um spezielle Seniorenwohnanlagen, Anlagen des „Betreuten Wohnen" bis hin zu Pflegeheimen. Neben der Modernisierung von Alten- und Seniorenwohnanlagen werden der Umbau normaler Bestandsgebäude zu betreutem Wohnen oder der gänzliche Neubau vorgenommen. Daneben werden mittlerweile auch räumliche Möglichkeiten für gemeinschaftliches Wohnen, bspw. für selbst organisierte gemeinschaftliche Wohnprojekte, aber auch für die Schaffung von Pflegewohngruppen geschaffen.

3.2.2. Vernetztes Wohnen

Mit dem Begriff des Vernetzten Wohnens soll hier auf zwei Ebenen der Vernetzung eingegangen werden: Zum einen ist damit die *Vernetzung mit Kooperationspartnern* gemeint, die an einer zielgruppenorientierten Dienstleistung für die Mieterklientel interessiert sind und im Sinne einer ganzheitlichen Betreuung mit dem Vermieter zusammenarbeiten, um ein so lange wie möglich selbstbestimmtes Wohnen im Alter – in den eigenen vier Wänden – zu realisieren. Daneben bezeichnet „Vernetztes Wohnen" aber auch die *technische Ausstattung von Wohnungen*, bei der verschiedene Bereiche wie intelligente Haustechnik, Energiemanagement, oder eben auch Anwendungen des Ambient Assisted Living miteinander verknüpft werden.

Soziale Vernetzung durch Dienstleistungsangebote

Über die Bereitstellung von geeignetem seniorengerechten Wohnraum hinaus gibt es viele klassische soziale Dienstleistungen, die den Mietern von den Wohnungsunternehmen als Zusatzleistungen angeboten werden; dies soll oftmals die Attraktivität einzelner Wohnungen oder Häuser erhöhen. Diese Angebote können vom Wohnungsunternehmen oder einer Tochterfirma direkt erbracht werden, so dass der dem Mieter

---

[70] Vgl. Narten, Strategien und Potenziale 2007, S. 138ff.

vertraute Ansprechpartner erhalten bleibt. Das Spektrum reicht hierbei von der Übernahme von Mieterpflichtleistungen (Treppenhausreinigung, Winterdienst etc.), über haushaltsnahe Dienstleistungen (Einkaufshilfe, Putzhilfe, Waschservice etc.) bis hin zu Pflege- und Betreuungsleistungen (Besuchs-, Begleit- und Fahrdienste, Fußpflege, organisierte Tagesausflüge etc.). Diese Dienstleistungen können allen Hausbewohnern zur Verfügung stehen und bereits in der Miete enthalten sein, wie bspw. der Conciergedienst. Die angebotenen Dienstleistungen können aber auch umfassender sein und ausgewählte Zielgruppen ansprechen, wie etwa ein Notruf mit weitergehender sozialer Betreuung in den eigenen vier Wänden vor allem für die älteren Mieter angeboten werden kann.[71] Die Inanspruchnahme solch spezieller Angebote ist dann allerdings nicht verpflichtend und bleibt dem einzelnen Mieter überlassen. Bei Untersuchungen von Mieterwünschen wurde deutlich, dass ein hohes Interesse an derartigen Dienstleistungen (besonders Mieterpflichtleistungen) besteht, die vor allem bei Bedarf und zu besonderen Gelegenheiten in Anspruch genommen werden können. Die Zahlungsbereitschaft der Mieter für solche Angebote wird aber weiterhin als eher gering eingeschätzt: In einer Mieterbefragung durch die Universität Bochum wurde bei gerade einmal 50% der Mieter überhaupt eine Zahlungsbereitschaft festgestellt.[72] Diese Bereitschaft steigt allerdings, wenn im Haushalt eine Person mit gesundheitlichen Einschränkungen lebt. Daneben kann sich das Engagement des Unternehmens darauf beschränken, Räumlichkeiten für Senioren- oder Nachbarschaftstreffs unentgeltlich zur Verfügung zu stellen und diese – ohne eine weitere Betreuung oder Koordination durch Mitarbeiter oder externe Kooperationspartner – den Mietern zum Gebrauch zu überlassen.

Da sich viele Unternehmen lieber auf ihre Kernkompetenzen beschränken und sich nicht zu weit in das Feld der sozialen Betreuung wagen möchten, besteht hier die Möglichkeit, den Mietern Angebote von Kooperationspartnern zu offerieren. So können kooperierende Wohlfahrtsverbände den eigenen Mietern bspw. kostenreduziertes

---

[71] So wurde bspw. 2007 von den beiden kommunalen Wohnungsunternehmen degewo und STADT UND LAND in Berlin das Tochterunternehmen SOPHIA gegründet, das vorrangig auf die Bedürfnisse und die Betreuung der eigenen älteren Mieter ausgerichtet ist. (http://www.sophia-berlin.de)
[72] Vgl. Heinze, Abschlussbericht 2009, S. 32f.

„Essen auf Rädern" oder einen günstigen Hausnotruf anbieten. Hierbei muss das Wohnungsunternehmen allerdings darauf achten, dass der ausgewählte Kooperationspartner für die ihm übertragenen Aufgaben auch kompetent und zuverlässig ist.[73] Daneben ist es auch möglich, (Wohn)Raum bereitzustellen, der bspw. für Pflegedienste für den Aufbau von Demenz- oder Pflegewohngemeinschaften genutzt wird, oder in dem Wohlfahrtsverbände oder Nachbarschaftsvereine etwa einen Mittagstisch, Kinderkino, Seniorennachmittage oder sonstige Veranstaltungen anbieten können. Diese Form der Organisation und Vermittlung von klassischen sozialen Dienstleistungen wurde in der Untersuchung von *Narten* als zweithäufigste Maßnahme auf dem Gebiet des demographischen Wandels genannt: Immerhin 51% der befragten Unternehmen boten ihren Senioren spezielle Serviceleistungen an, die Gründung eigener Dienstleistungsunternehmen ist allerdings bisher die Ausnahme.[74] Eine Verknüpfung und Unterstützung dieser sozialen Angebote durch moderne technische Hilfen und Anwendungen nimmt in den letzten Jahren zu und soll in den Kapiteln 4 und 5 näher erläutert werden.

Intelligente Heimvernetzung

Mit intelligenter Heimvernetzung werden vor allem technische Geräte und Anwendungen definiert, die in der Wohnung und im Haus das alltägliche Leben der Mieter erleichtern können. Während schon früh Unternehmen in ersten Muster- und Testhäusern Bussysteme im Rahmen von „Smart Home"-Projekten installierten[75], um hohen Komfort und verbesserte Sicherheitsmaßnahmen bis hin zu einem automatisierten „Facility Management" zu erproben, kam die intelligente Vernetzung im Eigenheim oder der Mietwohnung erst in den letzten Jahren verstärkt auf.[76] Viele Haushalte ha-

---

[73] Hierzu ausführlich im Kapitel 6.6. Wahl des Geschäftsmodells.
[74] Vgl. Narten, Strategien und Potenziale 2007, S. 102 und 114ff.
[75] So wurde bspw. in Duisburg bereits im Jahre 2001 mit dem "inHaus 1" das erste "Smart Home" von der Fraunhofer-Gesellschaft vorgestellt (http://www.aal-deutschland.de/informationen/living-labs/living-labs-deutschland, Stand: 06.01.2012. Auf dieser Seite findet sich zudem eine gute Übersicht aller bisher vorgestellten "Smart Home"/ "Living Labs"-Projekte.). In jüngster Zeit bewirbt der Stromkonzern RWE mit großem Aufwand eine "Smart Home"-Produktlinie, die man "ohne technisches Vorwissen mit minimalem Zeitaufwand" in den eigenen Wänden installieren kann (http://www.rwe.com/web/cms/de/455660/rwe/innovationen/energieanwendung/rwe-smarthome/, Stand: 06.01.2012).
[76] Vgl. VDE, Positionspapier 2010, S. 4

ben mittlerweile Breitbandanschluss, Flatrate-Tarife und eigene WLAN-Netze, so dass sich die Einsatzmöglichkeiten neuer Technologien deutlich erhöht haben. Daneben haben die Themen Energieeffizienz und Energieeinsparung auch aufgrund gestiegener Kosten einen neuen Stellenwert bekommen. Der stärker werdende Wunsch nach einem sicheren Zuhause mit möglichst großem Schutz vor Einbruch, Brand und Wasserschaden eröffnet einen Markt für intelligente Überwachungssysteme. Und nicht zuletzt aufgrund des demographischen Wandels erhält das Thema „Technikunterstützung für ein selbstbestimmtes Leben im Alter in den eigenen vier Wänden" immer mehr Bedeutung. Allerdings erweist sich der Markt der Intelligenten Heimvernetzung als sehr komplex und differenziert und die Branche ist erst auf dem Weg dazu, die Bedingungen für ein Massengeschäft zu realisieren. Dies liegt unter anderem an in der Regel immer noch sehr hohen Anschaffungskosten für einzelne Geräte und – gerade auf dem Gebiet der AAL-Anwendungen – an fehlenden Geschäftsmodellen.[77]

Als Merkmale der Geräte oder Anwendungen gelten im Allgemeinen: [78]

- Die Benutzeroberflächen sollen (auch im Sinne eines "universal design") benutzerfreundlich, einheitlich gestaltet und barrierefrei sein.
- Alle Daten, Inhalte und Informationen werden von einer meist zentralen Steuereinheit verarbeitet.
- Ein einfaches und sicheres Zusammenspiel der Geräte sollte ebenso gegeben sein wie eine vollständige Integration der technischen Funktionalitäten in Wohnumgebung und Mobiliar.

Allerdings finden sich auf diesem Gebiet Uneinheitlichkeiten in der Definition und damit Probleme bei der Abgrenzung, je nach Blickwinkel des Betrachters. Untenstehende Abbildung bspw. ist einem Positionspapier des VDE entnommen, der die „Innere Vernetzung" in vier übergeordnete, geräteorientierte Bereiche „Ambient Assisted Living", „Smart Home", „Smart Metering" und „Konsumerelektronik" aufteilt.

---

[77] Vgl. bspw. Heinze, Abschlussbericht 2009, S. 76
[78] Vgl. hierzu bspw. Bitkom, Leitfaden 2011, S. 5

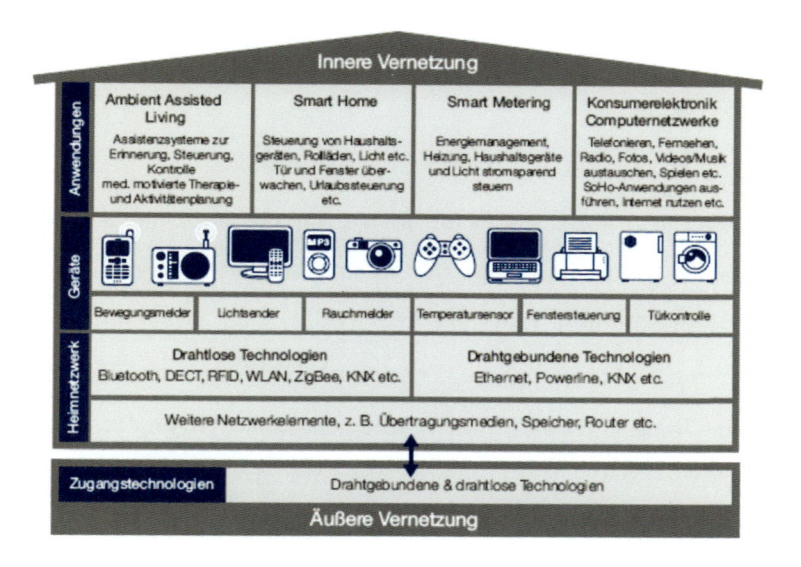

Abbildung 5: VDE Positionspapier 2010, S. 6: Wichtige Anwendungen der Heimvernetzung mit ihren typischen Geräten und den verwendeten Technologien

Dabei wird bereits deutlich, dass inhaltlich durchaus Überschneidungen der einzelnen Bereiche möglich sind. So könnte bspw. eine zentrale Steuerung der Heizung sowohl in den AAL-Bereich fallen (Assistenzsystem zur Komforterhöhung), als auch in den Bereich „Smart Home" (intelligentes Steuerungssystem) als auch in den Bereich „Smart Metering" (Energieeinsparung durch intelligentes Heizen). Daher wird oftmals eine weniger geräteorientierte Aufteilung verwendet, sondern nach Anwendungsbereichen wie „Entertainment und Lifestyle", „Moderne Haushaltsführung", „Gesundheit und Ernährung", „Arbeit und Kommunikation" oder „sicheres Wohnen" unterschieden.[79] Bei einer kleineren Befragung von 300 Personen, die weder Senioren waren noch unter gesundheitlichen Einschränkungen litten, wurden die Bereiche Haushalt und Komfort als Anwendungsbereiche mit dem meisten Potential gesehen.[80] Die Befragten waren dabei vor allem am Mehrwert durch die Geräte interessiert, wobei einfache und effektive Bedienung und stete Kontrolle als Bedingungen angesehen wurden. Das zukünftige Zuhause sollte dabei wie das heutige sein und lediglich in einigen Punkten Verbesserung erfahren. Eine Schlussfolgerung der Autoren, „the core values of the home

---

[79] Vgl. Bitkom, Leitfaden 2011, S. 5
[80] Vgl. Bonino & Corno, 2011, S. 111ff.

must be untouched"[81], zeigt die tendenziell eher zurückhaltende Veränderungsbereitschaft der Befragten.

Der Nutzen für den Bewohner liegt dabei u.a. in der Steigerung des persönlichen Komforts, z.B. durch vereinfachte Mediennutzung (nur noch wenige Fernbedienungen, problemloser Zugriff von allen Räumen). Daneben ist natürlich auch die Optimierung des Energieverbrauchs durch eine Steigerung der Energieeffizienz oder den Einsatz alternativer Energien für den Mieter attraktiv. Nicht zuletzt können einige technische Möglichkeiten, darunter beispielsweise AAL-Anwendungen zur Erhöhung des Fitnessniveaus oder zum Bewältigen chronischer Erkrankungen, zu einer Verbesserung des Gesundheitszustandes und zum Erhalt der Selbstständigkeit beitragen.

Bausteine der intelligenten Heimvernetzung können also zu einer Senkung der Wohnnebenkosten beitragen und die Sicherheit und den Komfort der Immobilie erhöhen. Dies schafft langfristig Vermietungssicherheit und ist ein wichtiges Ziel der Wohnungswirtschaft.[82] Gerade durch den Einbau solcher technischer Geräte kann dem Wohnungsunternehmen ein Alleinstellungsmerkmale verschafft werden: Denn während seniorengerechte Wohnraumanpassung und Kooperationen mit sozialen Dienstleistern von vielen Wohnungsunternehmen angeboten werden, finden sich bei eher technikorientierten Angeboten bisher nur wenige Wohnungsunternehmen, die sich auf dieses neue Feld wagen. Allerdings sind die Erfahrungen mit Pilotprojekten, bspw. voll ausgestatteten „Smart Home"-Musterwohnungen, die vor allem auf energiesparende Geräte setzen, bisher allerdings auch eher zwiespältig: Während das Echo durch die Fachwelt durchweg positiv war, verhalten sich die Mieter, wenn sie als potentielle Käufer solcher Geräte angesprochen werden, eher zurückhaltend. Auch hier ist offensichtlich mit einer eher geringen Zahlungsbereitschaft zu rechnen, allerdings stehen empirisch belegte Untersuchungen auf diesem Gebiet noch aus.

---

[81] Bonino & Corno, 2011, S. 113
[82] Vgl. GdW, Branchenbericht 2011, S. 42

Vernetztes Wohnen als übergreifende Betrachtungsweise

Durch das Konzept des Vernetzten Wohnens sollen also wohnortnahe Versorgungsstrukturen geschaffen werden, die auf einem vernetzten und aufeinander abgestimmten Versorgungskonzept sozialer, pflegerischer und medizinischer Hilfen basieren und zudem eine technische Vernetzung durch moderne Informations- und Kommunikationstechnologien nutzen.[83] Hierbei stehen verstärkt die Dienstleistungen im Vordergrund, während moderne Technikanwendungen eher als Unterstützungsmöglichkeiten für diese gesehen werden. Daher empfiehlt der *GdW* für die Wohnungswirtschaft eine Betrachtung des Vernetzten Wohnens nach Dimensionen, die weniger stark an einzelnen technischen Lösungen orientiert sind, sondern sich an den Anwendungsbereichen für den jeweiligen Nutzer orientieren (siehe Abbildung 6).

Der *GdW* definiert Vernetztes Wohnen wie folgt:

> „So sollen durch die Vernetzung der im Gebäude vorhandenen technischen Anlagen und beweglichen Gebäudeteilen wie Türen und Fenster sowie einzelner Geräte vom Herd bis zum TV-Gerät nicht nur der Bedienkomfort erhöht, sondern Wohnungsnutzern in bestimmten Lebenssituationen und -abschnitten der individuelle Abruf von Dienstleistungen des Wohnungsunternehmens ermöglicht werden."[84]

Bei der Aufteilung in die sechs Anwendungsbereiche wird deutlich, dass keine Trennung zwischen technischen Anwendungen und sozialen Dienstleistungen vorgenommen wird, sondern die unterschiedlichen Anwendungsmöglichkeiten im Vordergrund stehen. All diese Bereiche können Elemente des

Abbildung 6: Eigene Darstellung in Anlehnung an GdW Branchenbericht 4, 2010, S. 76ff.

---

[83] Vgl. Heinze, Abschlussbericht 2009, Vorwort
[84] GdW, Vernetztes Wohnen 2007, S. 3

„Smart Home" (bspw. verstärkt in den Bereichen Energieeffizienz, Kommunikation/Multimedia oder Komfort) oder eben AAL-Anwendungen (besonders in den Bereichen Gesundheit und Sicherheit) enthalten. Das Vernetzte Wohnen wird – nach der Schaffung eines altersgerechten, baulichen Wohnumfeldes – vom *GdW* als zweite Stufe des Konzepts „Wohnen für ein langes Leben" gesehen, dessen Umsetzung für eine langfristige Mieterbindung und einen erfolgreichen Umgang mit den Folgen des demographischen Wandels notwendig ist.[85] Gerade im Zusammenhang mit den AAL-Anwendungen wird auch gerne auf die Wohnung als dritten Gesundheitsstandort[86] verwiesen. Hierauf soll im Kapitel 4 näher eingegangen werden.

3.2.3. Forschungsaktivitäten

Unter Forschungsaktivitäten sollen hier Beteiligungen an Forschungsprojekten, die z.B. durch Ministerien oder die EU gefördert werden, gezählt werden, aber auch Projekte, die von Wohnungsunternehmen – mit oder ohne Kooperationspartner – ohne externe Förderung durchgeführt werden. Gerade über letzteren Bereich können kaum empirisch unterlegte Aussagen getroffen werden, da oftmals Unternehmen kleinere Projekte im Bestand durchführen, die keinem größeren (Fach-)Publikum zugänglich gemacht werden. Die Unternehmen, die ihre Projekte bspw. auf wohnungswirtschaftlichen Fachtagungen oder dem jährlich stattfindenden AAL-Kongress[87] vorstellen, sind bisher nur wenige.[88] So schreibt denn auch *Narten*:

> „Die vielen guten Beispiele, über die in den Medien berichtet wird und die auf Tagungen vorgestellt werden, täuschen aber leicht darüber hinweg, dass es sich nach wie vor um eine Minderheit der Wohnungsunternehmen handelt, die in dieser Weise aktiv sind."[89]

---

[85] Vgl. GdW, Branchenbericht 2010, S 68
[86] Vgl. bspw GdW, Branchenbericht 2011, S. 42
[87] Dieser wird seit 2008 in Berlin durchgeführt und erfreut sich steigender Beliebtheit (2009: 520 Teilnehmer, 2010: 600 Teilnehmer, 2011: 874 Teilnehmer). Bei einem Blick in den Begleitband zum AAL-Kongress 2011 wird deutlich, dass dieser bspw. eine stark technische Prägung (technische Innovationen) hatte, wohnungswirtschaftliche Themen oder Beispiele werden in dem Begleitband nicht erwähnt. (Wichert & Eberhardt, Ambient Assisted Living, 2011)
[88] Exemplarisch seien hier die dogewo21, die Joseph-Stiftung Bamberg, die GEWOBA Potsdam oder die Hennigsdorfer Wohnungsbaugesellschaft genannt, die immer wieder mit Projektvorstellungen auf sich aufmerksam machen.
[89] Narten, Strategien und Potenziale, S. 10

Im Rahmen der Hightech-Strategie der Bundesregierung wurden seit 2008 unter dem Titel „Altersgerechte Assistenzsysteme für ein gesundes und unabhängiges Leben (AAL)" rund 45 Millionen Euro Fördermittel in Forschungsprojekte investiert. Unter dem Oberbegriff Wohnen wurden in der Bekanntmachung „Selbstbestimmt leben" 18 ausgewählte Projekte gefördert, dabei waren – auf diesem ureigensten Gebiet der Wohnungswirtschaft – in gerade einmal fünf Projekten Vertreter von Wohnungsunternehmen zu finden[90]: „WohnSelbst" (GWW Wiesbadener Wohnungsbaugesellschaft mbH), „TSA" (Gemeinnützige Baugenossenschaft Speyer), „SmartSenior" (GEWOBA Potsdam), „AUTAGEF" (Wohnungsgenossenschaft Aufbau Dresden e.G.) und „AlterLeben" (Verband Sächsischer Wohnungsgenossenschaften).

In einer EU-weiten Studie, die sich mit der Forschungslandschaft zu AAL-Anwendungen und Produkten in den 27 Ländern der Europäischen Union befasste, wurden 676 Organisationen im privaten und öffentlichen Sektor identifiziert, die sich mit AAL-Projekten beschäftigen. Davon kamen 153 Organisationen aus Deutschland; damit belegt die Bundesrepublik den Spitzenplatz vor Spanien mit 71 Organisationen. Diese 676 Organisationen wurden 16 verschiedenen Kategorien zugeordnet, von denen die Kategorie „Building and housing industry" gerade einmal 2% ausmacht. Fraglich ist allerdings auch, ob sich Wohnungsunternehmen überhaupt in großer Menge auf dem Forschungsfeld einbringen müssen.

---

[90] Vgl. Bundesministerium für Bildung und Forschung, Selbstbestimmt leben 2010, Pressemappe, und Weiß, Fördermaßnahmen des BMBF 2011, PowerPointPräsentation

Ratio of organisation types in EU-27

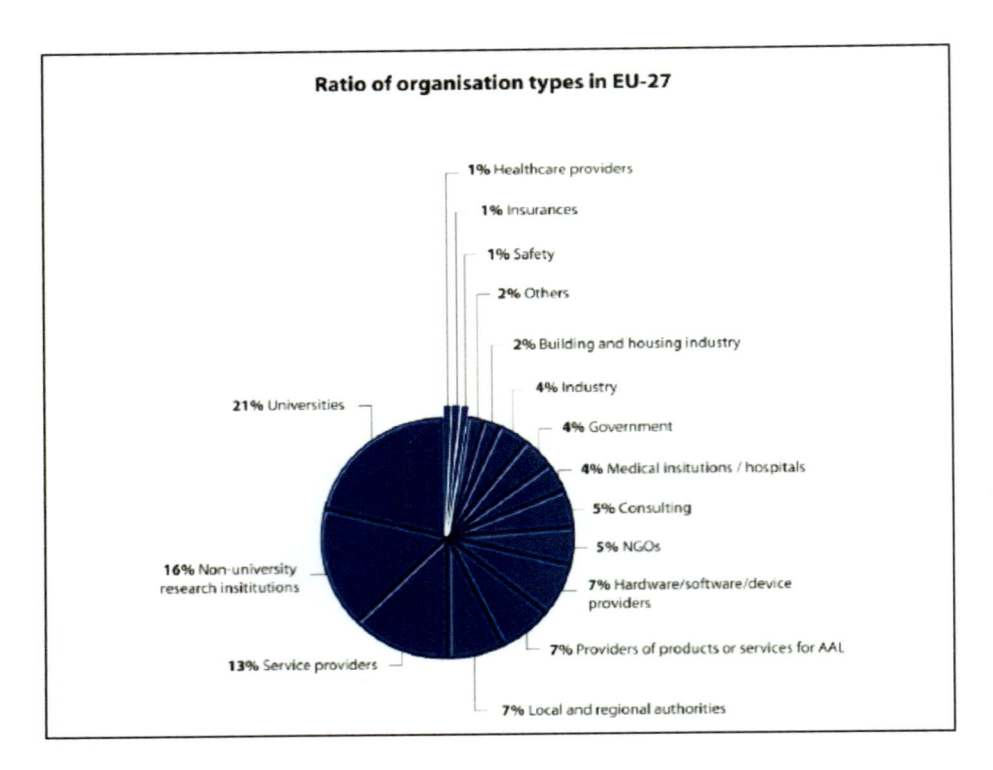

- 1% Healthcare providers
- 1% Insurances
- 1% Safety
- 2% Others
- 2% Building and housing industry
- 4% Industry
- 4% Government
- 4% Medical insitutions / hospitals
- 5% Consulting
- 5% NGOs
- 7% Hardware/software/device providers
- 7% Providers of products or services for AAL
- 7% Local and regional authorities
- 13% Service providers
- 16% Non-university research insititutions
- 21% Universities

Abbildung 7: Übersicht über die verschiedenen Akteure auf dem Gebiet AAL,
In: Gaßner & Conrad, ICT for Elderly 2010, S. 27

Dass das Engagement von Wohnungsunternehmen auf dem Bereich der Forschung zum Thema Wohnen im Alter bisher so gering ausfällt mag daran liegen, dass die Forschungsprojekte mit den Kernkompetenzen der Wohnungsunternehmen, nämlich dem Bauen und Vermieten von Wohnraum, oftmals gar nichts mehr zu tun haben. Auch bezieht sich ein großer Teil des Arbeitsaufwandes auf das Schreiben von Projektanträgen und das Ausfüllen von Abrechnungen. Dieser, oftmals hohe, personelle und auch finanzielle Aufwand schreckt viele Unternehmen ab. Daneben können diese Projekte sehr langfristig angelegt sein, ohne dass sich abzeichnet, ob sich daraus tatsächlich ein tragfähiges Geschäftsmodell oder umsetzbares Konzept für den eigenen Bestand ergibt.

Insgesamt verstärkt sich gerade auf dem Feld der Forschungsaktivitäten der Eindruck, dass sich hier lediglich die Unternehmen engagieren, deren Geschäftsführung oder Vorstand von der Notwendigkeit der Aufgabe überzeugt und bereit ist, dafür personelle und finanzielle Mittel im Unternehmen zur Verfügung zu stellen.

4. AAL – Ein Begriff, viele Möglichkeiten, viele Beteiligte

4.1. Definition und Begriffsklärung AAL

Eine eindeutige Definition des Begriffs „Ambient Assisted Living" (AAL) ist nur bedingt möglich: Unterschiedliche Sichtweisen der Anbieter, verschiedene Nutzergruppen und die Verwendung ähnlicher Begriffe synonym (z.B. Assisted Living, Ambient Intelligence, Ambient Assisted Services) erschweren einen einheitlichen Blick.[91] Die meisten Autoren orientieren sich daher an den Definitionen des Bundesministeriums für Bildung und Forschung (BMBF) und des VDI/VDE, die im Rahmen einer „Innovationspartnerschaft AAL" ein Netzwerk unterschiedlicher Akteure schaffen und mit Arbeitsgruppen, Publikationen und eben auch dem AAL-Kongress zum Austausch anregen wollen.[92]

Der VDE beschreibt in einem Positionspapier aus dem Jahr 2008 AAL als „Ideen zu Assistenzsystemen für Gesundheit, Sicherheit, Versorgung oder die Gestaltung des sozialen Umfeldes, die ein selbstbestimmtes Leben im Alter ermöglichen sollen."[93] Die AAL-Lösungen „sollen den Nutzer in seinen alltäglichen Handlungen bestmöglich und nahezu unmerklich unterstützen und ihm Kontroll- und Steuerleistungen abnehmen. Durch die technische Assistenz wird gerade der reife Mensch dazu befähigt, altersbedingte Einschränkungen weitgehend zu kompensieren."[94] Die Ausrichtung auf den älteren Menschen ist dabei deutlich erkennbar; ebenso, dass es hier besonders um technische Anwendungen und weniger um soziale Dienstleistungen oder (soziale) Vernetzung geht. Der Bezug zum Alter wird auch dann deutlich, wenn als weitere Nutzer Ärzte oder Pflegende genannt werden, die sich um den älteren Menschen kümmern. AAL wird als ein Zusammenspiel verschiedenster Informations- und Kommunikationstechnologien gesehen, die viele Daten, z.B. über körpernahe oder räumlich verteilte Sensorsys-

---

[91] Vgl. bspw. die Aufzählung verschiedener Begrifflichkeiten bei Ostermeier, Die Zukunft des (Ambient) Assisted Living 2009, S. 7-12
[92] http://partner.vde.com/bmbf-aal/Pages/Startseite.aspx (Stand: 03.01.2012)
[93] VDE Positionspapier, Intelligente Assistenzsystem 2008, S. 4
[94] VDE Positionspapier, Intelligente Assistenzsystem 2008, S. 7

teme, erfassen mit dem Ziel, den Menschen vor allem in „Situationen von Ermüdung, Überforderung und großer Komplexität"[95] zu entlasten.

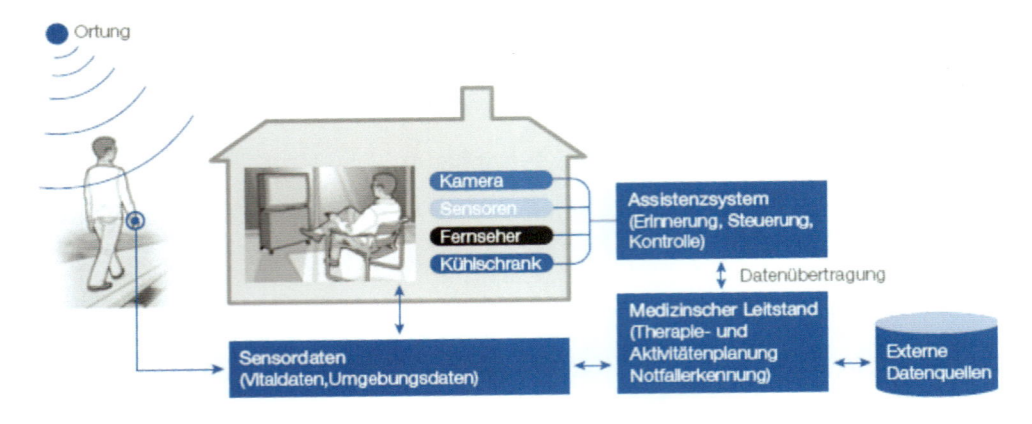

Abbildung 8: VDE-Positionspapier Intelligente Assistenzsysteme 2011, Zusammenspiel von Sensoren, Geräten, Daten, S. 6

Bei dieser Definition wird deutlich, dass unterschiedliche Nutzergruppen (nämlich Ältere, Ärzte und Pflegende) angesprochen werden sollen, und der Fokus dabei klar auf dem Zuhause des Anwenders und dessen technischer Ausstattung liegt statt auf einer Vernetzung mit seinem Umfeld. Der Ansatz ist deutlich technikorientiert und kann sich dabei auf unterschiedlichste Anwendungen und Geräte beziehen (Assistenzsysteme, Telemonitoring, Pflege, etc.). Daneben führt der VDE auch noch die Begriffe „Ambient Assisted Home Plattform", „Service Provider Plattform", „Ambient Assisted Services" und „Ambient Assisted Tools" ein, um eine umfassende Lösung mittels AAL-Technologien zu bieten.[96] Bereits hier wird klar, wie umfassend eine Definition bei einem Beteiligten auf dem Gebiet von AAL sein kann.

Die Definition des BMBF hingegen setzt andere Schwerpunkte:

> „Unter Ambient Assisted Living (AAL) werden Konzepte, Produkte und Dienstleistungen verstanden, die neue Technologien und soziales Umfeld miteinander verbinden und verbessern mit dem Ziel, die Lebensqualität für Menschen in allen Lebensabschnitten zu erhöhen."[97]

---

[95] VDE Positionspapier, Intelligente Assistenzsystem 2008, S. 6
[96] Vgl. VDE Positionspapier, Intelligente Assistenzsysteme 2008, S. 8
[97] http://www.aal-deutschland.de/ (Stand: 06.01.2012)

Hier wird also darauf hingewiesen, dass AAL zum einen mehr als nur technische Anwendungen oder Produkte sind, die auch nicht nur auf das Zuhause und das direkte Lebensumfeld des Nutzers ausgerichtet sind, sondern eine Verknüpfung mit Dienstleistungen und dem sozialen Umfeld stattfinden muss. Denn viele AAL-Anwendungen – gerade im Bereich Sicherheit – bedingen auch einen (sozialen) Dienstleister: So ist ein Alarmsystem nur dann "wirkungsvoll, wenn nach Auslösen des Signals auch eine Intervention erfolgt"[98], *Heinze* spricht in diesem Zusammenhang von „soziotechnischen Systemen"[99]. Zum anderen wird der Fokus hier auch nicht nur auf die Zielgruppe der Älteren gelegt, sondern soll zu einer Erhöhung der Lebensqualität für alle Altersgruppen führen. Als direkte Übersetzung für „Ambient Assisted Living" wendet das BMBF den Ausdruck „Altersgerechte Assistenzsysteme für ein unabhängiges und gesundes Leben" an.

Hier zeigt sich bereits der Wandel, den der Begriff seit seiner Einführung durchgemacht hat: Waren es am Anfang noch vordringlich technische Assistenzsysteme, die zu einer selbständigen Lebensführung im Alter beitragen sollten, hat sich „die Blickrichtung erweitert hin auf technische Assistenzsysteme und flankierende Dienstleistungen, die alle Menschen mit zeitweisen oder dauerhaften Einschränkungen in ihren alltäglichen Handlungen so gut wie möglich unterstützen."[100] Der ältere Mensch als Nutzer steht nicht mehr allein im Mittelpunkt, sondern es geht auch um technische Unterstützung für pflegende Angehörige, Nachbarn und professionelle Pflegedienste. Mit Hilfe innovativer technischer Lösungen sollen besonders die Selbstständigkeit und Partizipation am familiären, nachbarschaftlichen und sozialen Leben unterstützt werden. Auch steht nicht mehr das Haus als alleiniger Nutzungsbereich im Vordergrund, vielmehr sollen sich AAL-Lösungen mit übergeordneten Konzepten rund um das Haus beschäftigen.

---

[98] Braeseke, Working paper 12/2011, S. 6
[99] Heinze, Abschlussbericht 2009, S. 16
[100] Gothe et al., Loccumer Memorandum 2011, S. 1

Ähnlich wie in der nebenstehenden Abbildung finden sich diese Kategorien immer wieder bei unterschiedlichen Autoren (z.B. als „Kommunikation und soziales Umfeld", „Gesundheit und Pflege", „Haushalt und Versorgung" etc.). Der Bereich Energie wird hier nicht als eigenes Konzept miteinbezogen, da es sich dabei um einen Anwendungsbereich handelt, der eher dem „Smart Home" oder dem „Smart Metering" zugeordnet wird.

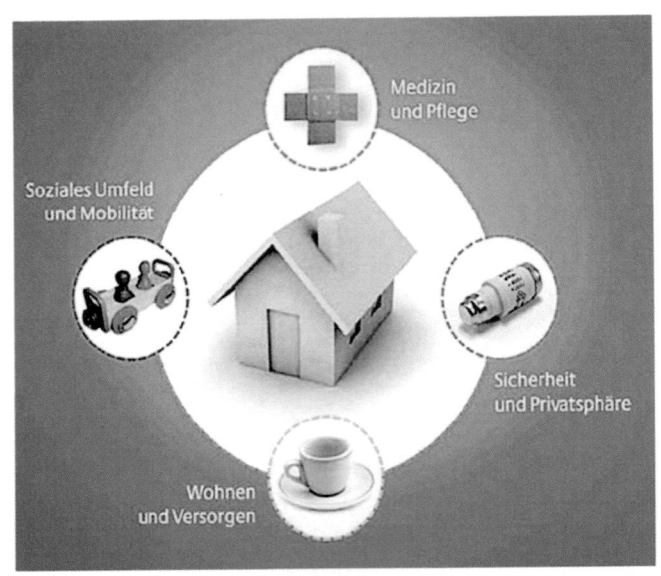

Abbildung 9: Deutsches Ärzteblatt, Jg. 107/ Heft 6, Anwendungsbereiche AAL, S. 237

Der GdW hält AAL-Lösungen vor allem für die älteren Haushalte für bedeutsam. Ältere sollen möglichst lange selbstbestimmt in den eigenen vier Wänden wohnen bleiben können. Der GdW setzt deshalb den Fokus verstärkt auf den Anwendungsbereich der „Gesundheit und Pflege" (Stichwort: Wohnung als dritter Gesundheitsstandort).[101] Gerade im technischen Bereich wird AAL auch gerne als eine Ausprägung des „connected home" gesehen. Auch hier wird der Gesundheitsfaktor betont: „Intelligente Systeme unterstützen (…) die Bewohner bei einer Vielzahl von Abläufen im Sinne der Gesundheit und Barrierefreiheit."[102] Eine interessante Differenzierung findet sich darüber hinaus bei *Braeseke*, die drei Generationen von altersgerechten Assistenzsystemen unterscheidet:

---

[101] Vgl. bspw. GdW, Branchenbericht 2011, S. 42
[102] Bitkom, Leitfaden 2011, S. 6

1. Generation

Nicht vernetzte Geräte mit eindimensionaler Funktionalität, die weder Datenaustausch erfordern noch an Dienstleistungen gebunden sind (Blutzuckermessgeräte, Seniorenhandys, Rollatoren, etc.).

2. Generation

Vernetzte Geräte ohne Interaktivität, welche Daten an Dienstleister übertragen (Hausnotrufsysteme, Telemonitoring-Geräte zur Übertragung von Vitalparametern, etc.).

3. Generation

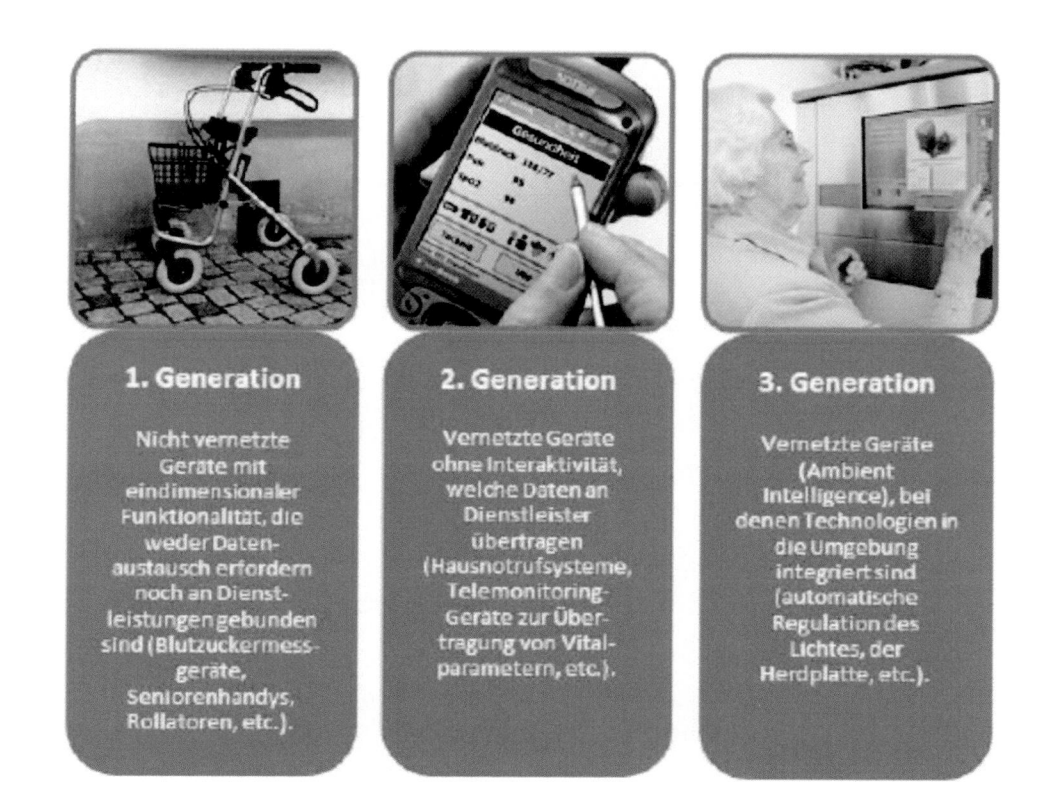

Vernetzte Geräte (Ambient Intelligence), bei denen Technologien in die Umgebung integriert sind (automatische Regulation des Lichtes, der Herdplatte, etc.).

Abbildung 10: Braeseke u.a., Working paper 12/2011, Entwicklungsstadien altersgerechter Assistenzsysteme, S. 3

Hierbei wird die große Heterogenität innerhalb des Feldes „AAL" sichtbar, da bspw. sogar einfache Hör-, Mobilitäts- und Sehhilfen zu altersgerechten Assistenzsystemen gezählt werden können. Der Fokus der vorliegenden Untersuchung liegt dabei deutlich auf Geräten, Anwendungen und Dienstleistungen der 2. und vor allem 3. Generation. Beispiele für Geräte der 3. Generation sind darüber hinaus etwa Sturzmatten, Bewegungssessel, Falldetektoren usw.[103] Als Merkmale sollen die Geräte möglichst zuverlässig, leicht installierbar, robust, leicht bedienbar, flexibel, nachrüstfähig und kostengünstig sein und die Kommunikation mit der Umwelt erleichtern.[104]

Insgesamt betrachtet sind AAL-Anwendungen denn auch von den Fachleuten nur schwer in einen einheitlichen und Begriff zu fassen. So schreibt etwa *Mollenkopf*, Mit-

---

[103] Vgl. Georgieff, FAZIT-Schriftenreihe 2008, S. 32ff. Hier finden sich ausführliche Beschreibungen von möglichen Anwendungen und Geräten in Anlehnung an die vier Bereiche Gesundheit und Pflege, Haushalt und Versorgung, Sicherheit und Privatsphäre sowie Kommunikation und soziales Umfeld.
[104] Vgl. Meyer, AAL in der alternden Gesellschaft 2010, S. 102f.

glied im Expertenrat der Bundesarbeitsgemeinschaft der Senioren-Organisationen, im AAL-Magazin:

> „Zum einen ist tatsächlich kaum abgrenzungsgenau definierbar, was der Begriff alles an technischen Systemen und damit verbundenen Dienstleistungen abdeckt. AAL-Technologien und -Dienste erfüllen im Grunde unbegrenzte Möglichkeiten von Person und Umwelt verbindenden Unterstützungs-, Informations-, Unterhaltungs- und Versorgungssystemen."[105]

Wie sich an diesen wenigen Beispielen bereits zeigt, scheint es schier unmöglich, hier eine allgemeingültige Definition aufzustellen. Zusammenfassend scheinen aber folgende Merkmale als Kennzeichen für AAL-Lösungen gesichert:

- Die Zielgruppe sind grundsätzlich alle Menschen, egal welcher Altersklasse oder in welchem Gesundheitszustand. Senioren sind eine wichtige Zielgruppe, aber nicht die einzige.

- AAL umfasst mehr als nur moderne Technologie, die vorrangig im Haus verankert ist, sondern versucht, das soziale Umfeld für eine ganzheitliche Unterstützung einzubinden.

- (Soziale) Dienstleistungen sind in aller Regel integraler Bestandteil von AAL-Lösungen.

- AAL-Anwendungen sind als ein Teil des "Vernetzten Wohnens" – also sowohl in technischer als auch in sozialer Hinsicht – zu sehen.

- AAL sollte den Nutzer und seine Bedürfnisse (Selbständigkeit, Komfortbedürfnis, Lebensqualität, Teilhabe)[106] in den unterschiedlichen Bereichen (Pflege, Kommunikation, Gesundheit, Sicherheit etc.) in den Vordergrund stellen und sich an diesen Anforderungen orientieren, um sich erfolgreich am Markt zu etablieren.

4.2. Beteiligte

Ein ähnlich differenziertes Bild wie bei der Begrifflichkeit zeigt sich, wenn man versucht, sich einen Überblick über mögliche Beteiligte auf dem Feld des AAL zu verschaffen.

---

[105] das AAL-Magazin, 1/2011, S. 23
[106] Meyer, AAL in der alternden Gesellschaft 2010, S. 50, ergänzt diese Bedürfniskategorien auch noch um "Heimat" und "Geborgenheit", also den Wunsch, so lange wie möglich in den eigenen vier Wänden wohnen zu bleiben.

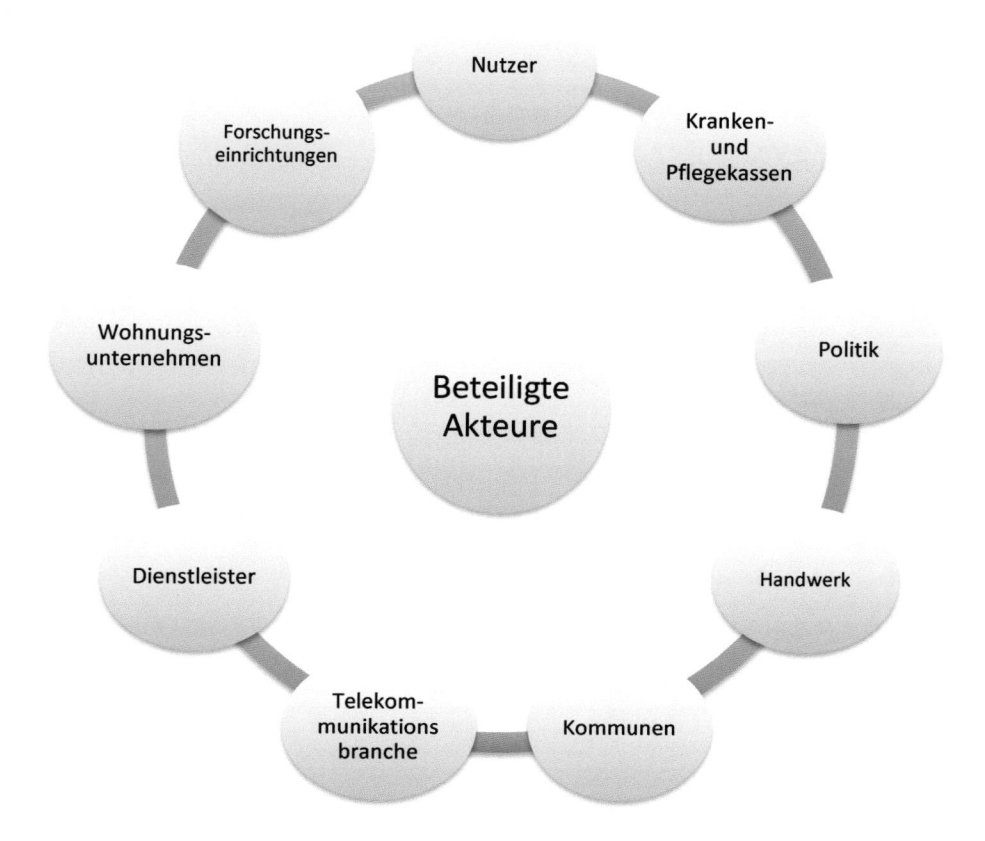

Abbildung 11: Eigene Darstellung der beteiligten Akteure

Da gibt es im Anfangsstadium die Forschungseinrichtungen, sowohl universitärer als auch nicht-universitärer Art, wie bspw. Fraunhofer-Institute aber auch die Forschungsabteilungen großer Telekommunikationsanbieter,[107] die versuchen, vor allem bei Ministerien, aber auch im Rahmen von Förderprogrammen der EU, Forschungsgelder einzuwerben. Dass hierfür entsprechende Töpfe vorhanden sind, wurde bereits aufgezeigt. Die Politik als ein weiterer Akteur sollte allerdings nicht nur Gelder zur Verfügung stellen, sondern den noch im Anfangsstadium stehenden AAL-Anwendungen zusätzliche Unterstützung zukommen lassen. So sind bisher Fragen der Standardisierung und

---

[107] Als Beispiel kann hier T-Systems angeführt werden, die nicht nur mit den T-Labs Forschung betreiben, sondern auch in zahlreichen Förderprojekten involviert sind (bspw. Smart Senior, eines der 18 geförderten BMBF-Projekte). Gerade auf dem Gesundheitsmarkt werden hier von T-Systems durch Innovationen Möglichkeiten für neue Geschäftsfelder gesehen, hierzu gibt es zahlreiche Arbeitspapiere, wie bspw. ein White Paper zu "Gesundheitswesen im Wandel. Innovative Versorgungsformen und Geschäftsmodelle".

Normung ungeklärt, ebenso wie gesetzliche und institutionelle Rahmenbedingungen. Die Politik wird auch in der Pflicht gesehen, den Bürgern mehr Informationen über AAL bereitzustellen, und Förderprojekte besser zu koordinieren, um Informationsasymmetrien zu vermeiden.[108] Darüber hinaus wurde die Qualifizierung von Personal auf Wegen der Aus- und Weiterbildung bisher nicht genügend vorangetrieben.[109] Allerdings kann man mittlerweile an verschiedenen Hochschulen Deutschlands erste Abschlüsse erwerben, die sich mit Fragen des „Ambient Assisted Living" befassen, wie etwa „Ambient Living Design" oder „Assistive Technologien". Für Architekten gibt es an der FH Frankfurt am Main den Studiengang „Barrierefreie Systeme", der u.a. den Schwerpunkt „Intelligente Systeme" beinhaltet. Darüber hinaus wird von zahlreichen Experten über Qualifizierungsmöglichkeiten im akademischen (European Master of AAL), handwerklichen (AAL-Fachhandwerker) und sozialen Bereich (AAL-Fachberater) nachgedacht. Gerade auf diesem Gebiet müssen auch das Handwerk und Dienstleister auf die neuen Geschäftsfelder aufmerksam gemacht und auf notwendige Qualifizierungen hingewiesen werden.

Daneben gibt es die Wohnungswirtschaft, die ebenfalls Adressat von AAL-Technologien ist, um speziell Ältere oder Menschen mit Einschränkungen als Mieter zu halten. AAL-Anwendungen sollten in Verbindung mit einer Dienstleistung angeboten werden, so dass Wohlfahrtsverbände, Pflegedienste, Wachdienste, Reinigungsfirmen etc. ins Spiel kommen.[110] Die Gruppe der Nutzer lässt sich noch einmal differenzieren: Neben den eigentlichen Nutzern bzw. Endverbrauchern (z.B. Senioren) sind weitere Akteure die pflegenden Angehörigen und Pflegedienste, die zum einen gerade bei Nutzern mit Einschränkungen mit eingebunden werden müssen, und zum anderen selbst zu direkten Nutzergruppen von AAL-Anwendungen gehören können. In den 18 Förderprojekten des BMBF sind auch diese Nutzer als Zielgruppen vertreten: So wird etwa im Projekt "Daily Care Journal" die Entwicklung einer elektronischen Pflegeakte, die in der Wohnung des Pflegebedürftigen verbleibt und für alle Pflegenden verfügbar ist, voran-

---

[108] Vgl. Henke et al., Neuartige Geschäftsmodelle 2011, S. 32
[109] Vgl. das aal-Magazin, 01/2011, S. 10ff.
[110] Vgl. VDE Positionspapier, Intelligente Assistenzsysteme 2008, S. 40

getrieben. Das Projekt "EasyCare" hingegen soll eine zentrale Plattform für pflegende Angehörige entwickeln. [111]

Entlastet werden durch AAL-Anwendungen, die dazu beitragen, dass Ältere oder Menschen mit Einschränkungen länger zuhause wohnen bleiben können, statt in ein Alten- oder Pflegeheim einziehen zu müssen, vor allem die Sozialkassen der Kommunen und die Kranken- und Pflegekassen.[112] Gerade die Kranken- und Pflegekassen werden daher in der Pflicht gesehen, AAL-Anwendungen in Leistungskataloge und Satzungsleistungen aufzunehmen und auf dem "Ersten Gesundheitsmarkt" zu etablieren, und deren Leistung somit zu vergüten.[113] Dazu ist es aber notwendig, die Kassen auch von tatsächlichen Einsparpotentialen zu überzeugen; die Aktivierung der Sozialversicherungsträger wird als "zentrale Herausforderung für zukünftige Vernetzungsstrategien"[114] gesehen. Da der Einsatz von AAL-Lösungen bisher allerdings vorwiegend in Modellprojekten stattfindet, fehlen große übergreifende gesundheitsökonomische Studien, die zulässige und schlüssige Gesamtaussagen zur Wirtschaftlichkeit machen können.[115] Daher werden die Kosten vorerst eher auf dem "Zweiten Gesundheitsmarkt" angesiedelt sein, der die Ausgaben der Privathaushalte für Gesundheitsdienstleistungen verschiedenster Art umfasst.[116]

4.3. Ungenutztes Potential des "Ambient Assisted Living": Angebotsoptimierung zur besseren Marktdurchdringung

Die Bereitstellung zahlreicher Fördermittel von sehr unterschiedlichen öffentlichen Stellen, die Entwicklung moderner technischer Geräte und Anwendungen, die Förderung von Netzwerken, die Initiierung bereichsübergreifender AAL-Kongresse zeigen: die Branche boomt. Und dennoch sind AAL-Anwendungen weit davon entfernt, den Durchbruch auf dem Markt zu schaffen. Gründe dafür liegen in fehlenden Geschäfts-

---

[111] Vgl. BMBF, Selbstbestimmt leben 2010, Projektsteckbriefe
[112] Siehe Kapitel 3.1., Stichwort Beitrag zur Stadt/Sozialrendite
[113] Vgl. Henke et al., Neuartige Geschäftsmodelle 2011, S. 14
[114] Heinze, Abschlussbericht 2009, S. 80
[115] Vgl. Heinze, Abschlussbericht 2009, S. 40
[116] Vgl. das AAL-Magazin - 1/2011, Interview mit Prof. Klaus-Dieter Henke, Seite 18-21, (http://www.aal-magazin.de/uploads/media/AALmagazin_Ausgabe_01_2011.pdf)

modellen, fehlenden Standards bzw. Standardisierungsprozessen, einer geringen Akzeptanz der Technik, geringen Kenntnissen über die Vorteile, Nutzen und Kosten sowie die teilweise mangelhafte Bedienbarkeit.[117] Im Folgenden soll auf die beiden als Hauptursache erkannten Faktoren eingegangen werden: Die mangelnde Akzeptanz der Nutzer und fehlende Geschäftsmodelle. Da die fehlenden Geschäftsmodelle ein wichtiger und zugleich komplexer Bereich im Zusammenspiel von AAL-Anwendungen und Wohnungswirtschaft sind, soll dieses Thema in Kapitel 5 eigenständig erörtert werden.

Die mangelnde Nutzerakzeptanz ist seit langem als eines der Hauptprobleme der mangelnden Marktetablierung erkannt. So schreibt denn auch der *GdW* schon 2007, dass zwar immer mehr Wohnungsunternehmen die Marktpotentiale erkennen würden, „die neuen Anwendungen das Bewusstsein und damit eine aktive Nachfrage der Mehrheit der wohnungswirtschaftlichen Kunden [aber] noch nicht erreicht"[118] haben. Dass sich diese Diskrepanz zwischen (möglichem) Angebot und Nachfrage noch nicht geändert hat, zeigt sich in einer aktuellen Studie der Universität Vechta[119]: In der Untersuchung zu Marktpotenzialen für entsprechende AAL-Produkte und Dienstleistungen wurde – in einem Szenario mit zwei fiktiven Wohnungsausstattungen – ein Umsatzpotential von 87,1 Milliarden Euro ermittelt. Die ermittelte tatsächliche Zahlungsbereitschaft auf Nachfrageseite der privaten Haushalte ergab allerdings gerade einmal 4,7 Milliarden Euro. Als Gründe dafür werden die mangelnde Akzeptanz technischer Assistenzsysteme generell, der unterschätzte individuelle Nutzen, das Fehlen bedarfsgerechter Lösungen und die Höhe der Preise der Angebote genannt.[120] Diese Diskrepanz zwischen der Zahlungsbereitschaft privater Haushalte und dem Marktpotenzial aus Sicht der Hersteller stellt ein großes ökonomisches Hemmnis für die schnelle Diffusion altersgerechter Assistenzsysteme in den Markt dar.[121]

---

[117] Eine detaillierte Beschreibung und Nennung weiterer Hemmnisse findet sich bspw. bei Georgieff, FAZIT-Schriftenreihe 2008, S. 37
[118] GdW, Vernetztes Wohnen, S. 101
[119] Vgl. Braeseke et al., Working paper 12/2011, und Henke et al., Neuartige Geschäftsmodelle und Finanzierungsansätze 2011
[120] Vgl. Braeseke et al., Working paper 12/2011, S. 21f.
[121] Vgl. Henke et al., Neuartige Geschäftsmodelle und Finanzierungsansätze 2011, S. 10

In den aktuellen Publikationen zu AAL befassen sich die Fachleute daher verstärkt mit der Thematik, welche Hindernisse die AAL-Anwendungen noch überwinden müssen, und wie diese Herausforderungen angegangen werden können. Als erster Schritt in diese Richtung wird die Öffnung der Nutzergruppen in Richtung generationenübergreifendes Konzept gesehen, ohne die ursprüngliche Zielgruppe der Senioren dabei aus dem Fokus zu verlieren. Diese Nutzergruppen-Erweiterung soll auch dabei helfen, eine Stigmatisierung der AAL-Konzepte in Richtung Alten- und Behindertenorientierung zu vermeiden und eine positive Identifizierung in Richtung der Ermöglichung eines sorglosen Lebens zu realisieren.[122]

Im Folgenden sollen daher kurz die Optimierungspotentiale genannt werden, die dabei helfen können, AAL-Lösungen in der öffentlichen Wahrnehmung zu verankern, ihren "Mehrwert" für die Nutzergruppen darzustellen und so eine erfolgreiche Etablierung am Markt zu erreichen.

Bessere Nutzerorientierung

Um potentielle Nutzer einzubeziehen, ist eine bessere Evaluation ihrer Bedürfnisse nötig. Hierzu ist bisher zu wenig Forschungsarbeit geleistet worden; auch die geförderten Projekte kommen ihrer Evaluationsaufgabe hier oft nur unzureichend nach. Wenn eine AAL-Anwendung gezielt auf ältere Menschen ausgerichtet ist, müssen die Technologien eben auch auf diesen spezifischen Lebensumständen Älterer basieren.[123] Dabei ist es wichtig, Ältere nicht als „Objekte der Versorgung" zu deklarieren und eine zunehmende Heterogenisierung der Lebenskonzepte zu berücksichtigen.[124] Eine Möglichkeit könnte hier eine stärkere Einbindung der Nutzer in den Entwicklungsprozess sein. Der Erfolg von AAL-Technologien ist vor allem abhängig von ihrem Nutzen für die verschiedenen Zielgruppen. Daher ist es wichtig, den Mehrwert, der für den Nutzer zu einer Verbesserung der Lebensqualität führt und zur leichteren Bewältigung alltäglicher Ver-

---

[122] Vgl. Gothe et al., Loccumer Memorandum 2011, S. 4
[123] Vgl. Meyer, AAL in der alternden Gesellschaft 2010, S. 123ff
[124] Vgl. Heinze, Abschlussbericht 2009, S. 22

richtungen beiträgt, deutlich herauszustellen und für den Nutzer verständlich zu machen.[125]

Erhöhung der Akzeptanz technischer Assistenzsysteme

Die Akzeptanz innovativer Technologien ist in den Bevölkerungsgruppen unterschiedlich ausgeprägt und diese unterschiedlichen Akzeptanzbarrieren müssen bei der Konzeption berücksichtigt werden. Auch wenn davon ausgegangen wird, dass zukünftige Generationen sich von den Heutigen hinsichtlich der Aufgeschlossenheit gegenüber neuen Technologien unterscheiden werden, so ist es doch wichtig, auch die heutigen Nutzer mitzunehmen. Eine Verknüpfung mit Dienstleistungen kann dazu beitragen, dass die Betonung des zwischenmenschlichen Aspekts und nicht die Technik im Vordergrund steht, um so – quasi nebenbei – die Scheu vor der Technik abzubauen. Die Betonung der Zwischenmenschlichkeit und die Förderung sozialer Interaktion durch AAL scheinen hierbei wichtige Bausteine, um die Nutzungsbereitschaft der Senioren zu erhöhen,[126] ebenso wie die Berücksichtigung eines "universal design" im Sinne einer Zielgruppenöffnung. Allerdings gibt es auch auf diesem Gebiet zu wenige Forschungsergebnisse zur Nutzerakzeptanz von AAL-Lösungen.[127]

Stärkere Verankerung im öffentlichen Bewusstsein

Hierbei geht es zum einen um eine geeignete Ansprache und Kommunikation mit den Endverbrauchern; Potenziale und Anwendungsmöglichkeiten von AAL-Technologien müssen in der Öffentlichkeit bekannter gemacht werden. Zum anderen gilt es auch, gezielt Werbung bei Unternehmen zu machen, denn AAL kann als Zukunftsmarkt zur Steigerung der Unternehmensumsätze und zu einem nachhaltigen Wirtschaftswachstum beitragen. Dafür wären die Entwicklung handlungsleitender Kriterien für AAL-Technologien, eine gezielte Aus- und Weiterbildung zur Mitarbeiterqualifizierung oder auch die Einführung eines Gütesiegels "AAL" förderlich.[128] Planungshilfen für die Aus-

---

[125] Vgl. Heinze, Abschlussbericht 2009, S. 64
[126] Vgl. Hong et al., The missing ones, S. 109
[127] Vgl. Meyer, AAL in der alternden Gesellschaft 2010, S. 64
[128] Vgl. Meyer, AAL in der alternden Gesellschaft 2010, S. 123ff.

stattung von Wohnungen würden den Zugang für Wohnungsunternehmen zu diesem Thema erleichtern.[129] Von staatlicher Seite wären finanzielle Anreize zum Einbau von AAL-Systemen möglich. Wichtig wäre ebenfalls eine bessere Koordination der Forschungsarbeit der unterschiedlichen Ministerien, um Projektergebnisse – auch für die Endverbraucher – in einer abgestimmten Strategie besser zu kommunizieren und darüber hinaus aus diesen unterschiedlichen Erfahrungen und Ergebnissen die Grundsteine für gemeinsame Rahmenbedingungen zu schaffen.[130]

Kostengünstige Angebote

Ein wesentlicher Aspekt der bisher fehlenden Marktdurchdringung sind sicherlich die teilweise noch recht hohen Kosten für AAL-Anwendungen und die bisher größtenteils fehlenden Erstattungen durch Kostenträger wie bspw. Kranken- und Pflegekassen. Dazu kommt allerdings auch noch eine fehlende Zahlungsbereitschaft der Nutzer, da gerade die heutige ältere Generation sehr zurückhaltend im Bereich der privaten Ausgaben ist. Wie sich die Zahlungsfähigkeit und Zahlungsbereitschaft zukünftig entwickeln werden, ist ungewiss. Auf absehbare Zeit ist zwar keine reale Zunahme des verfügbaren Einkommens der älteren Bevölkerung zu erwarten, dennoch deutet vieles darauf hin, dass sich die zukünftige Ausgabenstruktur ändert und der Anteil der Ausgaben privater Haushalte für altersgerechte Assistenzsysteme ansteigt.[131] Bei der Konzeption von Geschäftsmodellen muss daher die geringe Zahlungsbereitschaft der heutigen Haushalte berücksichtigt werden.[132] Thematisiert wurde bereits die Möglichkeit, die Nutzungskosten einer Immobilie zu senken und so die Zahlungsbereitschaft der Kunden für derartige Komfortleistungen ansteigen zu lassen. Aber auch hier ist es wieder wichtig, den "Mehrwert" zu betonen und den Nutzern diese Kosten als sinnvolle (Mehr-)Ausgabe erscheinen zu lassen.

---

[129] Ansätze für Planungshilfen für Wohnungsunternehmen finden sich bspw. bei Meyer, 2010, S. 109ff., oder Braeseke, 2011, S. 12ff.
[130] Vgl. bspw. Deutscher Verband für Wohnungswesen, Wohnen im Alter 2009, S. 33
[131] Vgl. Braeseke, Working paper 12/2011, S. 21
[132] Vgl. Henke et al., Neuartige Geschäftsmodelle 2011, S. 10

5. Geschäftsmodelle zur Realisierung von AAL-Anwendungen unter besonderer Berücksichtigung der Wohnungswirtschaft

Fehlende Geschäftsmodelle gelten als einer der Hauptgründe für die bisher zurückhaltende Einführung und vor allem Durchsetzung von AAL-Anwendungen. Dabei scheinen alle Grundlagen für produktive geschäftliche Allianzen, die sich einen neuen Markt gemeinsam erobern können, gegeben, denn die Bandbreite potentieller Projekt- und Geschäftspartner ist groß. Die Erwartungen an das Vernetzte Wohnen – eben auch im Sinne von Kooperationen – sind dementsprechend hoch: Es soll eine win-win-Situation entstehen, bei der „gesundheitsbezogene und soziale Dienstleistungen in Verbindung mit technischer Assistenz den betroffenen Menschen in der Wohnung helfen, daneben die Finanzierbarkeit der Sozialsysteme stärken und den Wohnungsunternehmen dabei helfen, Mieter bis ins hohe Alter als Kunden zu binden."[133] In diesem Kapitel sollen daher die Vorteile solcher strategischer und geschäftlicher Allianzen und Kooperationen mit besonderem Fokus auf die Wohnungswirtschaft als Partner beschrieben, aber auch die bisher bereits realisierten Geschäftsmodelle kritisch hinterfragt werden. Darüber hinaus sollen neue bzw. notwendige Wege für erfolgreiche Partnerschaften aufgezeigt werden.

Warum sich die Wohnungswirtschaft auf dem Gebiet des Wohnens für ein langes Leben unter besonderer Berücksichtigung von AAL-Konzepten betätigen sollte, wurde bereits eingehend in Kapitel 3 thematisiert. Kurz gefasst: Es geht darum, die Auswirkungen des demographischen Wandels anzugehen und im stärker werdenden Wettbewerb um den Mieter sich den veränderten Anforderungen an das Wohnen anzupassen. Barrierearme oder barrierefreie Wohnungen und Wohnumfelder sind dabei nur der erste Schritt, wer seinen Kunden mehr bieten und dabei gleichzeitig etwas für sein Image als „innovatives Wohnungsunternehmen" tun möchte, betätigt sich als Vorreiter auf dem Gebiet des Vernetzten Wohnens. Ein Beitrag zur Stadtrendite und zur Schaf-

---

[133] Heinze, Abschlussbericht 2009, S. 4

fung einer Sozialrendite und die Eröffnung neuer Geschäftsfelder sind positive Nebeneffekte.

Nun bleibt die Frage offen, wie stark sich die Wohnungswirtschaft in diese neu entstehenden Geschäftsfelder einbringt oder ob spezialisierte Dienstleister aus den Bereichen Pflege und Telekommunikation sowie Fachmärkte das Feld alleine besetzen.[134] Die bisherigen Aktivitäten der Wohnungswirtschaft auf diesem Gebiet waren eher zögerlich, was sicherlich auch auf die teilweise zurückhaltende bis negative Resonanz auf bereits angebotene Services und Dienstleistungen für Senioren zurückzuführen ist. Allerdings beruht dies auch darauf, dass oftmals nicht genug berücksichtigt wurde, dass Senioren es von ihrem Lebensstil her nicht gewohnt waren oder sind, personenbezogene Dienstleistungen in Anspruch zu nehmen – und dafür auch noch Geld zu bezahlen.[135] Bei Befragungen der Mieter durch die Wohnungsunternehmen wurde zudem bisher meist auf die Mieterzufriedenheit abgestellt und weniger auf die Nachfrage nach Serviceangeboten oder deren Nutzungsbereitschaft. Die derzeitigen empirischen Erkenntnisse über die Annahme von Serviceangeboten weisen daher an verschiedenen Stellen Schwächen auf: So deutet ein bekundetes Interesse noch lange nicht auf konkrete Inanspruchnahme und noch seltener auf Zahlungsbereitschaft hin.[136]

Ein weiterer Grund für weitest gehende Zurückhaltung der Wohnungsunternehmen bereits in der Anfangsphase, nämlich der Entwicklung einer Idee und der Beteiligung an einem Forschungsprojekt, ist die Konzentration vieler Förderprojekte auf die Förderphase, ohne an einen Weiterbetrieb als Geschäftsmodell zu denken. Die Palette der Akteure gerade bei geförderten Forschungsprojekten ist nämlich wesentlich breiter als nur Dienstleister, IT-Anbieter und Wohnungsunternehmen: Hier engagieren sich vor allem universitäre, nicht-universitäre und kommerzielle Forschungsabteilungen, die aufgrund der Förderbestimmungen einen Großteil der Gelder für sich beanspruchen können. Sie erwecken oftmals den Eindruck, dass sie sich zwar in der Entwicklung und Er-

---
[134] Vgl. GdW, Branchenbericht 2011, S. 42
[135] Vgl. GdW, Branchenbericht 2011, S. 86
[136] Vgl. Heinze, Abschlussbericht 2009, S. 42

forschung neuer Technologien und Angebote stark engagieren, aber an einer Umsetzung in den Regelbetrieb nicht weiter interessiert sind. In den meisten Forschungsprojekten wurde versäumt, eine frühe Verflechtung mit IT-Anbietern, Dienstleistern oder den Wohnungsunternehmen einzugehen, um so die Weichen für ein praktikables Geschäftsmodell und die Überführung in den Markt zu stellen. Allerdings sind Wohnungsunternehmen in der Regel gern gesehene Partner in diesen Projektverbünden, da sie nicht nur einen Großteil ihrer Projektarbeit selbst finanzieren müssen, sondern zudem auch noch einen wichtigen Vorteil mitbringen: sie bringen nämlich den Endnutzer, in Form ihrer Mieter, und die Wohnungen, um die Technik und die Konzepte zu implementieren, in das Projekt mit ein. Eine Einbeziehung wohnungswirtschaftlicher Projektpartner eröffnet zudem die Möglichkeit, ein im Bestand begonnenes Projekt eben auch über die Forschungsphase hinaus zu betreiben, und so die Überführung in den Regelbetrieb zu erleichtern. Die wenigsten Wohnungsunternehmen haben allerdings Interesse, hier nur als "willige Absatzhelfer" zu dienen und bspw. den beteiligten IT-Unternehmen vorbereitete Vertriebspfade anzubieten.[137]

Insgesamt gesehen gibt es, trotz der Menge an Projekten in der Vormarktphase, nur einzelne „Leuchtturm"-Modelle.[138] Die derzeit realisierten Lösungen sind dabei bislang Insellösungen, die sich für einzelne Wohnungsunternehmen in ihrem Bestand bewährt haben, aber nicht als Konzepte bundesweit vermarktet werden.[139] Einige Unternehmen nutzen zur Realisierung der Verknüpfung ihrer AAL- und Dienstleistungsangebote sogenannte „Serviceplattformen", die vom Mieter über den Fernseher oder mittlerweile den Tablet-PC empfangen werden können. Diese Plattformen können dabei zur Steuerung der Haustechnik genutzt werden, zur Videokommunikation mit anderen Nutzern, um aktuelle Informationen abzurufen (z.B. den Wetterbericht, Veranstaltungshinweise, Arzt- und Apothekendaten, aktuelle Staumeldungen, Fahrplanände-

---

[137] Vgl. GdW, Vernetztes Wohnen 2007, S. 99
[138] Vgl. GdW, Vernetztes Wohnen 2007, S.11ff. Hier werden Projekte aus Hattingen, Bamberg, Berlin, Karlsruhe, Bochum etc. ausgiebig vorgestellt.
[139] Vgl. Heinze, Geschäftsmodelle 2010, Präsentation

rungen der Bahn etc.).[140] Allerdings ist auch hier nicht bekannt, dass eine der entwickelten Serviceplattformen über den Modellbetrieb hinaus in mehreren Wohnungsunternehmen quasi standardisiert eingesetzt wird. Franchise- oder Vereinsmodelle für vernetztes Wohnen haben bislang in Deutschland ebenfalls nur eng begrenzte Verbreitung gefunden. Ein Beispiel hierfür ist das Konzept „SOPHIA – Soziale Personenbetreuung und Hilfen im Alltag", das den Sprung vom Projekt zum Geschäftsmodell (Franchisekonzept) geschafft hat und in vier Bundesländern von Wohnungsunternehmen eingeführt wurde.[141] Als ein Grund für mangelnde Verbreitung kann sicherlich die bereits thematisierte fehlende Koordinierung durch staatliche Gremien genannt werden. Dazu kommt, dass viele Wohnungsunternehmen Konzepte passgenau für den eigenen Bestand entwickeln und überhaupt nicht anstreben, erfolgreiche Modelle für weitere Nutzer anzubieten und das hausinterne Wissen „weiterzuverkaufen". Bisher gibt es also bundesweit kein im Regelbetrieb umgesetztes Modell, welches Wohnungsunternehmen, soziale und technische Dienstleistungen und vor allem Sozialversicherungsträger vereint.[142] Eine vom GdW ins Leben gerufene Expertengruppe, die sich aus Vertretern all dieser Bereiche zusammensetzt, und eine bessere Vernetzung der potentiellen Akteure erreichen sollte, scheint bisher noch keine Fortschritte erzielt zu haben.

Neue strategische Innovationsallianzen zwischen Wohnungs- und Gesundheitswirtschaft sowie sozialen und technischen Anbietern scheinen also erforderlich, um eine Durchdringung des Marktes zu ermöglichen. Die Frage dabei ist nur: Ist das eine Aufgabe der Wohnungsunternehmen? Es scheint nachvollziehbar, wenn sich Unternehmen auf ihren Bestand konzentrieren, um dort in geeigneten Wohnungen für eine geeignete Mieterklientel Dienste anzubieten, statt sich kosten- und personalintensiv in den Aufbau von Förderprojekten und die Entwicklung von Geschäftsmodellen einzubringen. Zudem sind die wenigsten Modelle bisher wirklich kostendeckend bzw. wirtschaftlich überhaupt attraktiv: In den meisten Fällen sind die Wohnungsunternehmen

---

[140] Die Vorstellung einiger dieser Plattformen findet sich bei MOBKOM, einem Brandenburger Netzwerk vornehmlich von IT-Anbietern, unter
http://www.mobkom.net/resources/Potentialanalyse%20KF%203.pdf (Stand: 07.01.2012)
[141] http://www.sophia-tv.de (Stand: 06.01.2012)
[142] Vgl. Heinze, Abschlussbericht 2009, S. 69

sogar gezwungen, diese zusätzlichen Angebote für ihre Mieter finanziell zu stützen, da sich die Annahme der Angebote und damit verbunden die Zahlungsbereitschaft der Mieter in überschaubaren Grenzen halten. Gerade diese Unwirtschaftlichkeit scheint viele Wohnungsunternehmen davon abzuhalten, sich näher mit der Thematik zu befassen. Besonders auf dem Gebiet der Finanzierung muss deshalb über neue Wege und Allianzen nachgedacht werden. *Heinze* hat dazu eine Grafik erstellt, in der die verschiedenen Akteure und ihre möglichen Beteiligungen an Geschäftsmodellen näher beschrieben werden:

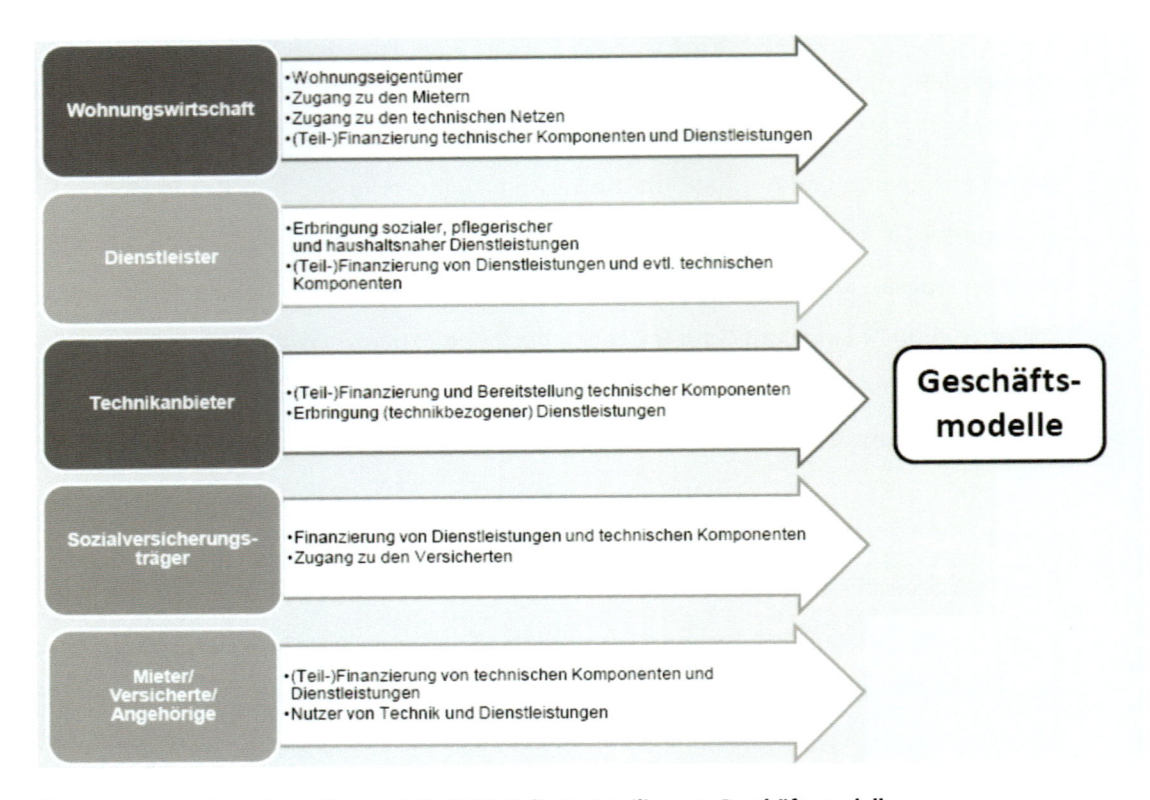

Abbildung 12: Heinze, Geschäftsmodelle 2010, Folie 9, Beteiligte an Geschäftsmodellen

Möglichkeiten bezüglich der Unternehmensfinanzierung sind dabei nicht nur die Nutzung der zahlreichen Förderprogramme gerade in der Projektphase, sondern im Geschäftsmodell des Regelbetriebs bspw. Joint Ventures zwischen Technikanbietern, Wohnungsunternehmen und Dienstleistern. Es sind auch einzelne Kooperationen, z.B. mit Wohlfahrtsverbänden oder Pflegediensten möglich.[143] Deutlich wird, dass die Auf-

---

[143] Henke et al., Neuartige Geschäftsmodelle 2011, S. 11

gabe der Finanzierung allen Beteiligten zugeschrieben wird, die größte „Hoffnung" liegt dabei allerdings auf den Sozialversicherungsträgern: „Ohne die Überführung telemedizinischer Optionen in die Regelversorgung werden Konzepte vernetzten Wohnens aber Insellösungen bleiben."[144] Die Geschäftsmodelle des Vernetzten Wohnens gelten als sog. „hybride Geschäftsmodelle", die ihr Leistungsangebot mit einem konkreten Leistungsversprechen gegenüber dem Kunden sowohl auf dem Ersten (Erstattung der Leistung durch die Kassen) als auch auf dem Zweiten Gesundheitsmarkt (Einkauf durch den Endverbraucher/Privatkunden) offerieren wollen. Gerade bei derartig komplexen Vorhaben ist die Koordination der Zusammenarbeit von Akteuren eben aus den verschiedensten Funktionsbereichen mit unterschiedlichen Interessenslagen im Rahmen des Wertschöpfungsprozesses erforderlich.[145] Dieser Umstand begründet dann auch die Schwierigkeit einer Etablierung am Markt: "Die Innovationshemmnisse sind aber kein technisches, sondern ein organisatorisches Umsetzungsproblem im hoch fragmentierten deutschen Gesundheitssystem mit vielen Vetospielern. Es fehlt ein Schnittstellenmanagement und Regelwerke für die Kooperation."[146]

Der Branche AAL ist durchaus bewusst, dass die bisher mangelnden (oder eben auch mangelhaften) Geschäftsmodelle ein großes Hindernis auf dem Weg zur Marktetablierung darstellen. Solange aber keine wirtschaftlichen Modelle entwickelt, wird es auch zukünftig schwierig sein, potentielle Partner von einem Einstieg zu überzeugen. Eine Überführung der AAL-Geräte und Anwendungen in die Leistungskataloge der Kassen wäre ein erster Schritt in Richtung geregelte Finanzierung. Aber auch höhere Fördersätze in Forschungsprojekten für Wohnungsunternehmen könnten einen Anreiz setzen, sich frühzeitig an der Entwicklung von Modellen zu beteiligen. Denn je weiter sich ein Wohnungsunternehmen von seinem Kerngeschäft „Bauen und Vermieten" entfernt und je mehr finanzielle und personelle Aufwendungen dafür bereit gestellt werden müssen, um so unwahrscheinlicher wird ein Engagement auf diesem Feld. Die Entwickler und Anbieter von AAL-Lösungen sollten dazu angehalten werden, eine Überführung in den Regelbetrieb anzusteuern: So könnten die Förderbedingungen an die Erstellung

---

[144] Heinze, Rahmenbedingungen für Geschäftsmodelle, Präsentation, Folie 4
[145] Vgl. Heinze, Rahmenbedingungen für Geschäftsmodelle, Präsentation, Folie 7
[146] Heinze, Rahmenbedingungen für Geschäftsmodelle, Präsentation, Folie 9

eines Geschäftsmodells geknüpft werden und die Entwicklungs- und Forschungseinrichtungen auf diesem Weg motiviert werden, frühzeitig die Zusammenarbeit mit den hierfür relevanten Institutionen und Organisationen zu suchen.

Hier gilt es also, durch geänderte Rahmenbedingungen, auch von staatlicher Seite, die Attraktivität für die Wohnungswirtschaft zu erhöhen. Die Wohnungswirtschaft hat nämlich eine Schlüsselstellung bei der schnelleren Integration von AAL-Lösungen im Bereich des privaten Wohnens. Von Seiten der Wohnungsunternehmen bedarf es im Gegenzug einer breiten Anerkennung der Notwendigkeit, sich aus den genannten Gründen auf dem Gebiet des Wohnens für ein langes Leben zu engagieren, darüber hinausgehend Innovationen mit zu begründen und sich an der Gestaltung eines neuen Marktes als aktiver Partner einzubringen.

6. Leitfaden für ein Engagement von Wohnungsunternehmen zur Bewältigung des demographischen Wandels unter besonderer Berücksichtigung von AAL-Konzepten

Wie gezeigt, beschäftigen sich die Wohnungsunternehmen in Deutschland mit unterschiedlicher Ausrichtung und unterschiedlicher Intensität mit den Herausforderungen des demographischen Wandels. Von nahezu vollständiger Untätigkeit („Keine schlafenden Hunde wecken") über individuelle Wohnraumanpassung im Bestand über barrierefreie Neubauten bis hin zu Projektbeteiligung und Entwicklung passgerechter Serviceangebote und AAL-Lösungen für die Mieterschaft ist alles anzutreffen. Der folgende Leitfaden soll jenen Wohnungsunternehmen eine Hilfe sein, die sich bisher keinen weiteren strategischen Überlegungen im Zuge des Wohnens für ein langes Leben gewidmet haben und wichtige Aspekte ansprechen, die es bei einer entsprechenden Unternehmensausrichtung zu beachten gilt.[147]

6.1. Strategische Ausrichtung des Unternehmens

Als erste Frage ist die grundsätzliche strategische Ausrichtung des Unternehmens auf dem Gebiet des Wohnens für ein langes Leben zu klären. Das Unternehmen muss sich also grundsätzlich fragen, ob die Zielgruppe der Älteren verstärkt in den Fokus der Unternehmensausrichtung gerückt werden soll. Dies kann nur gelingen, wenn sich die Geschäftsführer und Vorstände, aber oftmals auch einzelne Mitarbeiter, bereits mit der Thematik befasst haben – vielleicht auch, weil sie sich von Seiten der Mieter oder der Politik mit der Frage konfrontiert sehen, wie sich das Unternehmen aktuell und künftig seiner älteren Mieter annimmt.

---

[147] Die folgenden Ausführungen beruhen im Wesentlichen auf den Ergebnissen dieser Arbeit, aber auch auf den Erfahrungen der Autorin, die sich seit 2003 beruflich mit der Thematik des "Wohnen im Alter" befasst und die das Konzept "SOPHIA" seit der Projektphase 2002 begleitete und seit 2007 aktiv ist, dieses Konzept in der Berliner Wohnungswirtschaft zu implementieren.

Wie in Kapitel 3.1 ausführlich dargelegt, lohnt sich eine Beschäftigung mit dieser Thematik aus mehreren Gründen – auch wenn aktuell noch kein Leerstand im Bestand droht. Darüber hinaus ist es im Sinne einer nachhaltigen Bestandsbewirtschaftung ist es allerdings für alle Unternehmen geboten, Zukunftsthemen zu identifizieren, zu diskutieren und sich entsprechend zu positionieren. Das Wohnungsunternehmen muss seine Erwartungen es an das Engagement definieren: Soll es oberste Priorität sein, aktuelle oder künftig erwartete Leerstände zu vermeiden? Soll das Engagement einen nachweisbaren finanziellen Ertrag erwirtschaften? Oder ist es z.B. für ein kommunales Wohnungsunternehmen die Rentabilität der Maßnahmen schon über den Umweg der Stadtrendite gegeben, ermittelte Zinseffekte durch längere Vermietbarkeit der Wohnung oder die (fiktiven) Ersparnisse der Sozial- und Pflegekassen nachweisen zu können? Ein zusätzlicher positiver Nebeneffekt kann sich auch durch verbesserte Marketingmöglichkeiten ergeben, indem man in der Öffentlichkeit und in der eigenen Mieterschaft sowie bei potentiellen Kunden als "Kümmerer" im Gedächtnis bleibt und im Wettbewerb punktet.

Wenn eine Strategie aufgestellt wurde, muss diese im Unternehmen kommuniziert werden und das Handeln der Mitarbeiter danach ausgerichtet werden. Oftmals wird gerade die Beteiligung an innovativen (Forschungs)Projekten als „Liebhaberei" der Geschäftsführung eingestuft, die von Mitarbeitern nicht unbedingt mitgetragen wird. Auch fällt auf, dass bei neuen Strategien oder Projekten „top down" von Seiten der Unternehmensführung oftmals vernachlässigt wird, gerade die Mitarbeiter mitzunehmen, die an der Basis tätig sind und in der direkten Kommunikation mit den Mietern die neuen Ziele umsetzen können. So nutzt es wenig, den Mietern Angebote zur Wohnraumanpassung in der Mieterzeitschrift zu verkünden, aber die Mitarbeiter in den Kundenzentren dafür weder zu qualifizieren noch finanzielle oder zeitliche Ressourcen dafür bereit zu stellen. Daher scheint es sinnvoll, bei dieser strategischen Entscheidung viele Mitarbeiter einzubinden und Schnittstellen im Unternehmen zu schaffen, die abteilungsübergreifend für eine Umsetzung zuständig sind. Nur wenn das Unternehmen insgesamt dahinter steht, kann dieser Wandel umgesetzt werden. Der Wandel in der Ausrichtung des Wohnungsunternehmens auf eine neue oder weitere Zielgruppe, nämlich die Senioren, kann dabei auch die Wahrnehmung des Unternehmens in der Öffentlichkeit deutlich verändern und ein positives Image durch soziales Engagement für die (älteren) Mieter, das Viertel und die Kommune mit sich bringen.[148] Dazu ist aber dann erforderlich, sich neben der internen Kommunikation an die Öffentlichkeit zu wenden und die Ausrichtung des Unternehmens in entsprechenden Werbekampagnen, Broschüren, Veranstaltungen etc. dem Mieter und der Öffentlichkeit näherzubringen und dafür zu werben.

6.2. Geplante Maßnahmen und Ausrichtung

Bereits im Rahmen der Strategiefindung sollte das Unternehmen festlegen, wie intensiv sich das zukünftige Engagement gestalten soll. Eine Bestimmung der Zielgruppe ist hierzu sinnvoll: Will ich gezielt ältere Mieter ansprechen und bspw. Wohnraum oder einzelne Häuser nur für diese Zielgruppe anbieten? Oder bin ich an einer barrierearmen Anpassung oder einem barrierefreien Neubau interessiert, der dann unter dem Aspekt "Mehrwert durch erhöhten Wohnkomfort" allen Mietern zur Verfügung stehen soll? Dazu ist es natürlich wichtig, nicht nur eine gute Einschätzung seiner Mieterschaft zu haben, sondern auch mit den Problemen in den einzelnen Quartieren vertraut zu sein: Gibt es Blöcke, die seit Jahren nicht mehr saniert wurden und vermehrt von Älteren bewohnt werden? Zugleich ist eine Entscheidung herbeizuführen, welchen der vorgestellten Wege das Unternehmen einschlagen will: Einzelne Wohnraumanpassungen auf Anfrage der Mieter, gezielte Wohnraumanpassung im Bestand, barrierefreie Sanierungen und Neubauten, zusätzliche Serviceangebote in Eigenregie oder durch Kooperationen, Modelle im Sinne des "Vernetzten Wohnens" auf Basis klassischer oder moderner Technik, zusätzlicher Einbau technischer Lösungen und/oder Teilnahme an einem Forschungsprojekt? Erst wenn diese Entscheidung getroffen wurde, können Aussagen dazu gemacht werden, wie kosten- und personalintensiv, aber auch wie innovativ die weiteren Unternehmungen ausfallen werden. Um sich im Wettbewerb um den Mieter von den Konkurrenzunternehmen positiv abzusetzen, wird es sicherlich künftig nicht mehr reichen, "nur" eine Anpassung des Wohnraums anzubieten. Der

---

[148] Vgl. Narten, Strategien und Potenziale 2007, S. 177

GdW weist in seinem Branchenbericht 2011 darauf hin, dass neben einer "altersgerechten Ausstattung der Wohnungen ein entsprechendes wohnbegleitendes Serviceangebot für Senioren einen beinahe schon obligatorischen Charakter erhalten wird."[149]

Gerade bei den zusätzlichen Serviceangeboten ist es wichtig, dass diese jeweils zur Bewohnerstruktur eines Unternehmens und den dort bestehenden Lebensstilen und ökonomischen Möglichkeiten passen. Diese ergänzenden Leistungen müssen mit dem Image und Selbstverständnis des Wohnungsunternehmens kompatibel sein bzw. dieses im besten Falle unterstützen und erweitern. Dies bedeutet aber auch, dass keine "Patentrezepte" vorgegeben werden können: Die Erweiterung von Geschäftsfeldern ist immer eine unternehmensindividuelle Entscheidung, die auf intensiver Marktforschung sowie strategisch-konzeptionellen und ökonomischen Überlegungen basiert.[150]

Um sich einen besseren Überblick über die Möglichkeiten und Kosten von Wohnraumanpassung und dem Einbau moderner Technik zu verschaffen, lassen sich in der Literatur einige Planungshilfen finden, die bei einer praktischen Umsetzung herangezogen werden können. Recht ausführlich wird es etwa bei *Meyer*, die auf eine Planungshilfe für die Wohnungswirtschaft auf Grundlage einer Datenbank verweist: Dort sollten 22 Anforderungsklassen für die Ausstattung einer Wohnung (Beleuchtung, Klima, Sicherheit, Balkon, Türen, Wellness, Komfort, Garten usw.) mit jeweils zugeordneten Merkmals-klassen hinterlegt sein, deren Merkmale und Kosten auf Produktdatenblättern abrufbar sind.

---

[149] GdW, Branchenbericht 2011, S. 86
[150] Vgl. GdW, Branchenbericht 2011, S. 87

Allein dem Bereich "Sicherheit" sind 11 Merkmalsklassen zugeordnet (Rauchmelder, Alarmanlage, Alarm bei offenem Fenster etc.) Daneben sollte eine Bewertung anhand der Ausrichtung an unterschiedlichen Anforderungen (Alten- oder behindertengerecht, niedriges/mittleres/gehobenes Preisniveau), Nutzenkategorien (Standard und unbedingt erforderlich, Standard und zweckmäßig, Komfort und wünschenswert) und Kostenkategorien (max. 1.000€, 10.000€, 50.000€) erfolgen. Die abschließende Erstellung einer Kosten-Nutzen-Matrix soll als Entscheidungshilfe dienen.

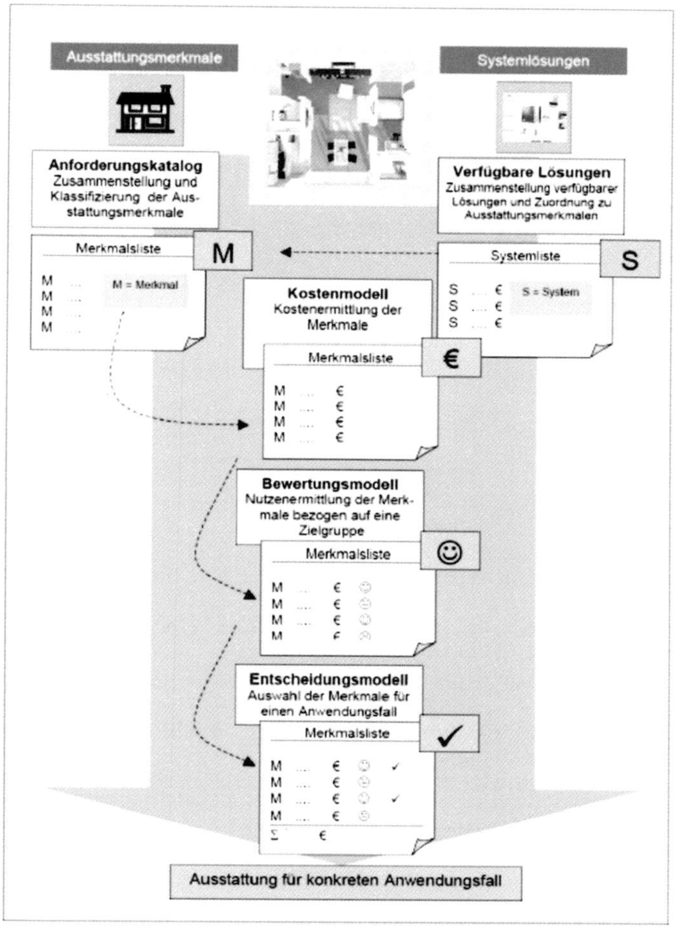

Abbildung 13: Meyer, AAL in der alternden Gesellschaft 2010, Planungshilfe für Wohnungsunternehmen, S. 111

Eine komprimierte Auflistung möglicher Merkmale findet sich bspw. bei *Braeseke*, die in ihrer Studie 15 Teilsysteme eines "Smart Home" nach Bereichen auflistet und auch detaillierte Kosten (zwischen 10.500 und ca. 12.100€) dazu benennt.

Auch detaillierte Anleitungen zur Wohnraumanpassung stehen zur Verfügung, so etwa in Broschüren des Bundesministeriums für Verkehr, Bau und Stadtentwicklung ("Altersgerecht Umbauen") oder auf Webseiten wie http://www.nullbarriere.de oder http://www.barrierefrei-leben.de.

6.3. Einbindung und Qualifizierung der Mitarbeiter

Wie bei allen neuen Projekten oder Maßnahmen müssen die Mitarbeiter auch hier nicht nur „mitgenommen" werden, sondern sollten auch von der Sinnhaftigkeit dieses Handelns überzeugt sein. Die Fokussierung auf die Älteren als Zielgruppe und ein verbessertes Serviceangebot bringt auf den ersten Blick vor allem mehr Arbeit mit sich: Wurde die Nachfrage nach einer Wohnraumanpassungsmaßnahme von einem Mieter bisher vom Kundenzentrum mit einem Bewilligungsschreiben „abgearbeitet", kommen nun unter Umständen eine Erstberatung der Mieter, die Vorstellung von Finanzierungsmöglichkeiten und die Vermittlung von geeigneten Handwerksfirmen hinzu. Für diese Aufgabenerweiterung müssen personelle und finanzielle Ressourcen vorgehalten werden, da diese Aufgaben sonst als nachrangig z.B. zum Kerngeschäft "Vermieten" behandelt würden. Die Aufgaben können allerdings auch einem Tochterunternehmen oder kooperierenden Dienstleister übertragen werden, dies ist abhängig vom gewählten Geschäftsmodell. Bei Aufgabenwahrnehmung durch die eigenen Mitarbeiter ist es wichtig, für eine ausreichende Qualifizierung – egal ob auf dem Gebiet der Wohnraumanpassung oder als Experte für AAL-Lösungen – zu sorgen. Allerdings sind diese Aus- und Weiterbildungsmöglichkeiten insgesamt bisher nur sehr begrenzt möglich. Auch der Deutsche Verband für Wohnungswesen, Städtebau und Raumordnung e.V. hat sich in seinem Kommissionsbericht zum Wohnen im Alter dafür ausgesprochen, dass Ausbildungsinstitutionen der Immobilienwirtschaft und ähnliche Organisationen Fortbildungskurse zur Qualifizierung von Wohnberatern anbieten und gleichzeitig prüfen sollten, inwieweit ein einheitliches Qualifikationsprofil sinnvoll sein könnte. Auch eine stärkere Einbindung der Architekten und Handwerkskammern in die Fortbildung wird vom Deutschen Verband empfohlen.[151] Trotz dieser noch widrigen Fortbildungsbedingungen muss hier für eine ausreichende Mitarbeiterqualifizierung gesorgt werden.

---

[151] Vgl. Deutscher Verband für Wohnungswesen, Wohnen im Alter 2009, S. 34

6.4. Wahl des Geschäftsmodells

Sollte sich das Unternehmen also für Aktivitäten entscheiden, die über eine seniorengerechte Anpassung des Wohnraumes hinausgehen, scheint es sinnvoll, sich Gedanken über die Wahl eines passenden Geschäftsmodells zu machen. So muss die Entscheidung getroffen werden, ob man sich mit "klassischen" Serviceangeboten oder Angeboten mit Unterstützung moderner Technologien einbringen möchte, oder ob man sich an Forschungsaktivitäten zu AAL beteiligen möchte.

Die Entscheidung für die Teilnahme an einem Forschungsprojekt AAL bringt dabei sowohl Vorteile als auch Nachteile mit sich. Der größte Vorteil ist sicherlich, dass man in einem Projekt seine eigenen Vorstellungen und damit eine größtmögliche Annäherung an den eigenen Bestand mit seinen spezifischen Anforderungen einbringen kann. Die Einflussnahme auf die Entwicklung eines passgenauen Geschäftsmodells für eine Überführung in den Regelbetrieb ist zudem groß, geeignete Kooperationspartner können frühzeitig identifiziert und in der Forschungsphase "ausprobiert" werden. Dies kann den Weg für neue und bisher ungeahnte Kooperationen, wie etwa mit IT-Dienstleistern, ebnen. Als (erfolgreicher) "Innovationsträger" kann man sich in der Branche etablieren und zudem potentielle Mieter auf sich aufmerksam machen. Eine Finanzierung des Projektes ist teilweise über Fördertöpfe möglich. Allerdings geht der größere Anteil der Förderung erfahrungsgemäß an die beteiligten Forschungseinrichtungen und eben nicht an die Wohnungsunternehmen, denen von ihren Partnern eher die Rolle desjenigen zugeschrieben wird, der die Mieter als Probanden und seine Wohnungen als Labor mit in das Projekt einbringt. Zudem erfordert eine Projektbeteiligung erhebliche personelle Ressourcen, da gerade in der Anfangsphase ausgiebige Förderanträge zu schreiben und viele Projektsitzungen zu begleiten sind. Zahlreiche Projekte starten zudem mit einer längeren Entwicklungsphase, so dass eine Beteiligung zeitlich sehr aufwändig und langwierig sein kann, bevor erste Ergebnisse vorzuweisen sind. Eine Entscheidung für oder gegen die Teilnahme an einem Forschungsprojekt ist daher sicherlich immer von den finanziellen und personellen Möglichkeiten des Unternehmens und seinem zeitlichen Druck abhängig.

Fällt die Entscheidung gegen eine Forschungsbeteiligung, sollte man die Möglichkeit nutzen, sich auf das Angebot wohnbegleitender Dienstleistungen zu konzentrieren, die mehr oder weniger von modernen Technologien wie AAL oder „Smart Home" unterstützt werden. Denn der *GdW* erwartet aufgrund der demographischen Entwicklung, insbesondere an Standorten außerhalb der Ballungsräume, eine deutlichen Abschwächung der Nachfrage, die die wirtschaftliche Situation vieler Wohnungsunternehmen negativ beeinflussen kann und dadurch die Finanzierung von notwendigen Bestandsanpassungen deutlich erschwert.[152] Daher wird ein Ausbau der wohnungsnahen Dienstleistungen empfohlen, der aber im Hinblick auf Leistungsspektrum und Leistungserbringung so professionalisiert werden muss, dass damit eine Gewinngenerierung möglich ist. Für die Wohnungswirtschaft sieht der *GdW* sehr gute Voraussetzungen für eine Erweiterung des Kerngeschäfts vor allem um wohnungsnahe Dienstleistungen und Produkte, da sich die Unternehmen mit ihren Mietern in der Regel meist in einer langdauernden Kundenbeziehung befinden, in der Vertrauen aufgebaut wurde, das dann auch auf andere Geschäftsfelder übertragen und dort genutzt werden kann. Durch die langjährige Beziehung und den guten Kundenzugang kennt das Unternehmen "seine" Mieter und kann daher sehr zielgruppengenau zusätzliche Produkte anbieten. Darüber hinaus kann durch das zusätzliche Angebot ein abgerundetes Portfolio mit sich ergänzenden Leistungen entstehen. Allerdings müssen diese Zusatzangebote auch "kompatibel" sein und zum Image und der Außenwahrnehmung des Wohnungsunternehmens passen, um den Mieter überzeugen zu können.

Die sich an die Entscheidung für die Erbringung wohnbegleitender Dienstleistungen anschließende Frage, ob man diese Angebote alleine anbietet oder eine Kooperationsstrategie entwickelt, hängt von der Kompetenz und Kapazität des Wohnungsunternehmens ab, aber auch vom angebotenen Produkt bzw. der angebotenen Dienstleistung. Gerade Leistungen, die an das Kerngeschäft anknüpfen, wie etwa haushaltsnahe Dienstleistungen, können tendenziell gut durch das Wohnungsunternehmen als Alleinanbieter erbracht werden. Ein weiterer Vorteil ist auch, dass die Qualität der Leistungen direkt überprüft werden kann und das Unternehmen Einblicke erhält, welche Leis-

---

[152] Vgl. GdW, Branchenbericht 2011, S. 83ff.

tungen vom Mieter gut angenommen werden. Gerade bei der Einrichtung von Beratungsstellen, die von einem externen Dienstleister betreut werden, wird oftmals von Seiten der Mieter der Vorwurf laut, dass diese in der Vermittlung von Dienstleistungen nicht neutral und oftmals auch zu teuer für den Mieter wären.[153]

Bei der Erbringung der Angebote in Eigenregie ist es allerdings wichtig, die ergänzenden Geschäftsfelder mit der gleichen Professionalität und Effizienz zu realisieren wie das Kerngeschäft. Es wird nach Expertenmeinung nicht mehr ausreichend sein, wohnbegleitende Dienstleistungen mit Bordmitteln gleichsam nebenher zu erbringen und diese nur als Kundenbindungsinstrument ohne Renditeerzielungsabsicht zu betrachten.[154] Die meisten zusätzlichen Geschäftsfelder – wie eben AAL-Lösungen oder „Smart Home"-Anwendungen – sind mittlerweile allerdings so komplex, dass für einen wirtschaftlichen Betrieb ein hohes Maß an Know-how und Spezialisierung erforderlich sind. Dieses Fachwissen selbsttätig aufzubauen ist in den meisten Fällen auch für größere Unternehmen zu aufwändig.

Die Branche erwartet daher zukünftig eine Ausweitung der Kooperationen und Partnerschaften, "...sowohl in Bezug auf die Menge der kooperierenden Gesellschaften und Genossenschaften als auch hinsichtlich der Formen und Inhalte."[155] Dabei wird erwartet, dass das klassische Modell zweier kooperierender Unternehmen in den Hintergrund tritt, und stattdessen kooperierende Netzwerke – im Sinne des Vernetzten Wohnens – aufgebaut werden. Die Netzwerke können dabei aus mehreren gleichberechtigten Partnern bestehen oder über einen Akteur verfügen, der zentrale Funktionen, bspw. zur effizienteren Koordinierung, übernimmt. Als wichtige Voraussetzungen für ein funktionierendes Geschäftsmodell auf Basis eines Netzwerkes werden Vertrauen zwischen den Partnern, die Einbindung bürgerschaftlichen Engagements, ein quartiersbezogener Ansatz und der Einsatz von Multiplikatoren im Quartier genannt. Gerade bei einem Projekt mit AAL-Anteilen wird aber das Wohnungsunternehmen einige

---

[153] Vgl. Narten, Strategien und Potenziale, S. 114
[154] Vgl. GdW, Branchenbericht 2011, S. 88f.
[155] GdW, Branchenbericht 2011, S. 79

mögliche Problemfelder mehr im Blick behalten müssen. So können fehlende Ansprechpartner für die Mieter bzw. Nutzer, zu viel Technik, schlechte Bedienbarkeit der Technik, geringe Zahlungsbereitschaft der Nutzer, ein kurzfristiger Rückzug von Kooperationspartnern und die Nichterkennbarkeit des „Mehrwerts" eine erfolgreiche Umsetzung erheblich erschweren.[156]

Bei der Wahl des Geschäftsmodells wird besonders deutlich, wie viele Möglichkeiten dem Wohnungsunternehmen offen stehen: Abhängig von Bestand, finanzieller und personeller Ausstattung, strategischer Ausrichtung und dem Wunsch nach mehr oder weniger Verantwortung reicht das Spektrum von gänzlicher Alleinverantwortung auf der einen Seite bis zur Koordinierung eines breiten Netzwerkes auf der anderen.

6.5. Finanzierung

Aufgrund der Komplexität der verschiedenen Engagementstufen und Geschäftsmodelle kann hier nur kurz übergreifend auf die Frage eingegangen werden: Wie kann das Unternehmen das Ganze finanzieren? Wie bereits dargelegt, gibt es für die Beteiligung an Forschungsprojekten unterschiedlichste Fördertöpfe von EU, Bund und Ländern. Von diesen Fördergeldern profitieren die Wohnungsunternehmen aber im Vergleich mit den übrigen Projektteilnehmern in geringerem Umfang. Die Gelder stehen zudem meist auch nicht für eine Überführung des Geschäftsmodells in den Regelbetrieb zur Verfügung. Eine weitere Möglichkeit, nämlich die Angebote durch Zahlungen der Mieterschaft bzw. der Nutzer tatsächlich wirtschaftlich werden zu lassen, wird aus den dargelegten Gründen bisher eher skeptisch beurteilt. Hier bleibt abzuwarten, wie sich die künftigen (Alten)Generationen in ihrer Zahlungsbereitschaft entwickeln werden: Es wird zwar keine Zunahme des verfügbaren Einkommens erwartet, dennoch deutet einiges darauf hin, dass sich die künftige Ausgabenstruktur ändern und auch der Anteil der Ausgaben älterer Haushalte für AAL-Lösungen ansteigt.[157] Für die künftigen Älteren wird es mit hoher Wahrscheinlichkeit naheliegender sein, Geld für die Erhöhung

---

[156] Vgl. Heinze, Abschlussbericht 2009, S. 67ff.
[157] Vgl. Braeseke, Working paper 12/2011, S. 21

des eigenen Wohnkomforts und die eigene Sicherheit auszugeben. Auch wird erwartet, dass der Anstieg der Pflegebedürftigen und chronischen Kranken hier für ein verändertes Denken und die verstärkte Annahme von Hilfsangeboten sorgen wird. Bereits jetzt ist es allerdings wichtig, bei der Angebots- und Preisgestaltung auf die Struktur der Mieterschaft zu achten und passgenaue Angebote zu machen. Hier kann ein gewisser Langmut, bis die Angebote angenommen und auch entsprechend vom Mieter bezahlt werden, nicht schaden. Die größte Hoffnung setzen Experten aber immer noch auf die Erstattung der Leistungen durch die Sozial- und Pflegekassen. Dass es bis zu einer Aufnahme in den Leistungskatalog allerdings noch ein weiter Weg sein wird, scheint wahrscheinlich.

6.6. Risiken und Hindernisse

Sollte sich das Unternehmen hinsichtlich seines Engagements sicher und die Rahmenbedingungen hierfür abgesteckt sein, gilt es mit realistischem Blick erneut Aufwand und Risiken abzuschätzen. Dazu gehört z.B. die eben erwähnte mangelnde Annahme und Zahlungsbereitschaft durch die Mieter, die ein gewisses Durchhaltevermögen abverlangen kann. Aber auch die Mitnahme und Qualifizierung der eigenen Mitarbeiter, die Einbindung neuer Aufgaben in bestehende Prozesse und das eventuelle Schaffen neuer Strukturen brauchen ihre Zeit. Dies erfordert einen hohen Aufwand an interner Kommunikation, um die neue Strategie tatsächlich im Unternehmen und im Denken der Mitarbeiter zu verankern. Die externe Kommunikation wird ebenfalls Zeit in Anspruch nehmen und Kosten verursachen; Broschüren, Internetauftritte und Werbekampagnen müssen neu konzipiert und vermarktet werden. Bei der Ausstattung von Wohnungen, gerade mit technischen Geräten, müssen zudem hohe Anfangsinvestitionen berücksichtigt werden. Und gerade beim Einbau moderner Technik werden Folgekosten gerne übersehen: Wer wartet und repariert die Geräte und wer übernimmt die Kosten dafür? Wann gilt die eingebaute Technik als überholt? Wie viel muss künftig investiert werden, wenn die Technik auf dem modernsten Stand bleiben soll? Ein weiteres Risiko kann auch in den angesprochenen Kooperationen oder Netzwerken liegen: Wenn es sich hierbei um unzuverlässige Partner handelt, die unvollständige oder schlechte Leistungen beim Mieter erbringen, fällt dies unweigerlich auf das Ansehen des Wohnungsunternehmens zurück. Die Zusammenarbeit kann sich auch schwierig gestalten, wenn sich die Partner wenig kommunikativ und kooperativ verhalten und im ungünstigsten Fall einen sehr kurzfristigen Rückzug aus der Partnerschaft antreten, so dass das Wohnungsunternehmen gezwungen wird, sich nach einer Alternative umzusehen, die dann aber erst wieder eingeführt werden muss. Alles in allem wird die Erstellung einer Risikomatrix im Zusammenhang mit den geplanten Maßnahmen dringend empfohlen.

7. Zusammenfassung und Ausblick

Die Wohnungswirtschaft wird sich den sich verändernden Bedingungen des Wohnens aufgrund der Auswirkungen des demographischen Wandels nicht verschließen können. Diese Auswirkungen werden kurz- und mittelfristig die gesamte Branche betreffen, so dass es notwendig ist, sich rechtzeitig auf die geänderten Voraussetzungen einzustellen, und den Bestand an die künftigen Mieteranforderungen anzupassen.

Dies wird zum einen eine veränderte Mieterschaft sein, die einen höheren Anteil Älterer, Pflegebedürftiger und chronisch Kranker aufweisen wird, die spezielle Anforderungen an den Wohnraum stellen. Daneben ist mit einer gesteigerten Technikaffinität und dem Wunsch nach mehr Wohnkomfort insgesamt zu rechnen. An den Kundenwünschen orientierte Serviceleistungen erhöhen ebenfalls die Chance, Mieter länger zu binden und neue hinzuzugewinnen. Ein soziales Engagement für die Mieterschaft führt dabei auch zu einer Imageverbesserung und kann zu einem Wettbewerbsvorteil im „Kampf um den Mieter" werden.

Es ist deutlich geworden, dass ein Engagement – je nach Intensität – einen mehr oder weniger hohen Aufwand und damit verbunden Kosten für das Unternehmen mit sich bringen wird. Doch wird es nötig werden, im enger werdenden Wettbewerb um den Mieter Investitionen in Wohnraum und Angebote für wohnbegleitende Dienstleistungen zu tätigen, um so Leerstand abzubauen oder zu vermeiden. Eine Refinanzierung durch den Mieter oder eben die Sozial- und Pflegekassen wird auf lange Sicht erwartet; diese kann dann zu einer beschleunigten Bestandsanpassung und einer breiten Angebotspalette an technischen Helfern und sozialen Dienstleistungsangeboten beitragen.

Gerade auf dem Feld der Angebote des „Ambient Assisted Living" kann sich ein Wohnungsunternehmen als Innovationsträger profilieren und in seiner Vorreiterrolle nicht nur beim Mieter punkten, sondern sich auch zukünftigen Mitarbeitern als innovatives und zukunftsorientiertes Unternehmen präsentieren. Denn auch bei der Mitarbeitergewinnung machen sich die Auswirkungen des demographischen Wandels bereits bemerkbar und führen zu einer massiven Wettbewerbsverstärkung um geeignete Nachwuchskräfte.

Darüber hinaus bietet ein Engagement im Bereich AAL die Möglichkeit, sich auf einem neuen und bisher noch nicht vollends durch andere Akteure besetzten Feld einzubringen, bei dem es strukturierten Projekten und Geschäftsmodellen gelingen wird, Wirtschaftlichkeit zu erreichen. Erfolgreiche Geschäftsmodelle können zudem "Schule machen" und durch den Verkauf des erworbenen Know-Hows im Rahmen einer Umsetzung durch andere Wohnungsunternehmen kann zur Refinanzierung beigetragen werden. Ob sich der viel beschworene Leitmarkt der „welfare technologies" in Deutschland etablieren wird und die beteiligten Unternehmen international damit eine Vorreiterrolle einnehmen, kann nicht vorhergesagt werden – aber die Chance einer Beteiligung daran besteht für die Wohnungswirtschaft.

AAL-Projekte und AAL-Lösungen sollten daher von der Wohnungswirtschaft als ein wichtiger Baustein gesehen werden, um den Bestand und die wohnbegleitenden Dienste an den Anforderungen der künftigen Mieterschaft auszurichten. Sie sollten allerdings immer als soziotechnische Systeme verstanden werden, die aus den beiden Komponenten „Soziale Angebote/Hilfen/Dienstleistungen" und „Unterstützung durch moderne Technik" bestehen – zur Entlastung der Nutzer und nicht, um menschliche Nähe und Fürsorge oder zwischenmenschliche Kommunikation zu ersetzen. In Ergänzung zu (seniorengerecht) angepassten Wohnungen, Häusern und Wohnumfeldern, die auch noch unter Einbeziehung von „Smart Home"-Anwendungen gestaltet werden, runden AAL-Lösungen das Portfolio hinsichtlich möglicher Maßnahmen für eine strategische Zukunftsorientierung ab und rüsten die Wohnungsunternehmen langfristig für die Auswirkungen des demographischen Wandels.

Literaturverzeichnis

BITKOM: *Leitfaden zur Heimvernetzung. Bd. 2: Anwendungsmöglichkeiten und Produkte im connected home.* Berlin, 2011

Bonino, D., & Corno, F.: *What would you ask to your home if it were intelligent? Exploring user expectations about next-generation homes.* Journal of Ambient Intelligence and Smart Environments, Heft 3/2011, S. 111-126

Braeseke, G. et al.: *Teilergebnisse zur Studie "Ökonomische Potenziale und neuartige Geschäftsmodelle im Bereich altersgerechte Assistenzsysteme".* Zentrum Altern und Gesellschaft, Vechta. Working paper 12/2011

Bundesministerium für Bildung und Forschung: *Selbstbestimmt leben. Mit Assistenzsystemen im Dienste des älteren Menschen.* Berlin, 2010

Bundesministerium des Innern: *Demografiebericht. Bericht der Bundesregierung zur demografischen Lage und künftigen Entwicklung des Landes.* Berlin, 2011

Bundesministerium für Verkehr, Bau und Stadtentwicklung: *Altersgerecht Umbauen. Passgenaue Bausteine für Ihr Zuhause – Erläuterungen und Praxisbeispiele zum Förderprogramm.* Berlin, 2010

Bundesministerium für Verkehr, Bau und Stadtentwicklung: *Wohnen im Alter. Marktprozesse und wohnungspolitischer Handlungsbedarf.* (Bd. Forschungen Heft 147). Berlin, 2011

Deutscher Verband für Wohnungswesen, Städtebau und Raumordnung e.V.: *Wohnen im Alter.* Bericht der Kommission des Deutschen Verbandes für Wohnungswesen, Städtebau und Raumordnung e.V. in Kooperation mit dem Bundesministerium für Verkehr, Bau und Stadtentwicklung. Berlin, 2009

Fischer, J. & Meuser, P. (Hrsg.): *Barrierefreie Architektur. Alten- und behindertengerechtes Planen und Bauen im 21. Jahrhundert. Handbuch und Planungshilfe.* DOM PUBLISHERS, 2009

Gaßner, K., & Conrad, M.: *ICT enabled independent living for elderly. A status-quo analysis on products and the research landscape in the field of Ambient Assisted Living (AAL) in EU-27.* Berlin: Institute for Innovation and Technology (iit), 2010

GdW Bundesverband deutscher Wohnungs- und Immobilienunternehmen e.V.: *Vernetztes Wohnen. Dienstleistungen, Technische Infrastruktur und Geschäftsmodelle.* (Bd. Arbeitshilfe 54). Berlin: Hammonia Verlag, 2007

GdW Bundesverband deutscher Wohnungs- und Immobilienunternehmen e.V.: *Den gesellschaftlichen Wandel aktiv gestalten - Wohnungswirtschaft schafft Zukunft für ein sich änderndes Wohnen* (Bd. Branchenbericht 4). Berlin: Hammonia Verlag, 2010

GdW Bundesverband deutscher Wohnungs- und Immobilienunternehmen e.V.: *Unternehmenstrends 2020* (Bd. Branchenbericht 5). Berlin: Hammonia Verlag, 2011

Georgieff, P.: *Ambient Assisted Living. Marktpotenziale IT-unterstützter Pflege für ein selbstbestimmtes Altern.* FAZIT-Schriftenreihe, Marktanalyse Band 17. Stuttgart, 2008

Gothe, H. et al.: *Loccumer Memorandum. Technische Assistenzsysteme für den demographischen Wandel – eine generationenübergreifende Innovationsstrategie.* Berlin, 2011

Harlander, T.: *Wohnen im Alter. Herausforderungen für Stadtplanung, Architektur und Wohnungswirtschaft.* In: Häfner, Beyreuther, Schlicht (Hrsg.): Altern gestalten. Medizin – Technik – Umwelt. Heidelberg: Springer, 2010. S. 121-132

Heinze, R. G., & Ley, C.: *Vernetztes Wohnen: Ausbreitung, Akzeptanz und nachhaltige Geschäftsmodelle.* Abschlussbericht des Forschungsprojekts. Bochum, 2009

Heinze, R.: *Rahmenbedingungen für tragfähige Geschäftsmodelle im Bereich vernetzten Wohnens.* Beitrag zum Zukunftsforum Langes Leben, PowerPointPräsentation. Berlin, 15./16.09.2010

Heinze, R.: *Ergebnisse des Forschungsprojektes: "Vernetztes Wohnen: Ausbreitung, Akzeptanz und nachhaltige Geschäftsmodelle".* Beitrag zum Zukunftsforum Langes Leben, PowerPointPräsentation. Berlin, 15./16.09.2010

Henke, K.-D., & et al.: *Neuartige Geschäftsmodelle und Finanzierungsansätze altersgerechter Assistenzsysteme. Vorläufige Version des Zweiten Zwischenberichtes zur „Studie zu ökonomischen Potenzialen und neuartigen Geschäftsmodellen im Bereich Altersgerechte Assistenzsysteme"* . Universität Vechta, Institut für Gerontologie - Ökonomie und Demographischer Wandel. Vechta, Working paper 02/2011

Holzamer, H.-H.: *Optimales Wohnen und Leben im Alter. Alle Wohnformen im Überblick.* Wien: Linde Verlag, 2008

Hong, S. et al.: *The missing ones: Key ingredients towards effective ambient assisted living systems.* Journal of Ambient Intelligence and Smart Environments, Heft 2/2010, S. 109-120

Krüger-Brand, Heike: *Ambient Assisted Living Assistenzsysteme: Notwendig oder wünschenswert?* In: Deutsches Ärzteblatt, Jg. 107/ Heft 6, 12.02.2010, S. 236-238

Lenk, T. & Rottmann, O. & Hesse, M.: Sozialrendite von Wohnungsgenossenschaften. Universität Leipzig, Kompetenzzentrum Öffentliche Wirtschaft und Daseinsvorsorge. Leipzig, 2010

Meyer, S., & Mollenkopf, H.: *AAL in der alternden Gesellschaft. Anforderungen, Akzeptanz und Planungshilfen.* AAL Schriftenreihe Bd. 2. Hrsg. von BMBF/VDE Innovationspartnerschaft AAL. Berlin: VDE Verlag GmbH, 2010

MOBKOM.NET.: *Potenzialanalyse – Mieterservices für die Wohnungswirtschaft.* Berlin, ohne Jahr

Narten, R. & Scherzer, U.: *Älter werden - wohnen bleiben. Strategien und Potenziale der Wohnungswirtschaft in einer alternden Gesellschaft.* Hammonia Verlag: Hamburg, 2007

Ostermeier, C.: *Die Zukunft des (Ambient) Assisted Living. Eine Bewertung von Konzepten hinsichtlich Alltags- und Markttauglichkeit.* Diplomarbeit am Institut für Informatik, Universität Potsdam, 2009

Poddig, B.: *Die "Neuen Alten" im Wohnungsmarkt - Aktuelle Forschungsergebnisse über eine stark wachsende Zielgruppe.* In: vhw Forum Wohneigentum (3), 2006, S. 211-217

Schnur, O.: *Demographischer Impact in städtischen Wohnquartieren. Entwicklungsszenarien und Handlungsoptionen.* Wiesbaden: VS Verlag für Sozialwissenschaften, 2010

Statistisches Bundesamt: *Im Blickpunkt. Ältere Menschen in Deutschland und der EU.* Wiesbaden, 2011

Statistisches Bundesamt: *Bevölkerung Deutschlands bis 2060. 12. koordinierte Bevölkerungsvorausberechnung.* Begleitmaterial zur Pressekonferenz am 18. November 2009 in Berlin. Wiesbaden, 2009

T-Systems: *White Paper Gesundheitswesen im Wandel. Innovative Versorgungsformen und Geschäftsmodelle.* Bundesministerium für Bildung und Forschung, Förderschwerpunkt "Technologie und Dienstleistungen im demografischen Wandel". Frankfurt am Main, 2010

VDE (Hrsg.): *VDE-Positionspapier: Intelligente Assistenz-System im Dienst für eine reife Gesellschaft.* Frankfurt am Main, 2008

VDE (Hrsg.): *VDE-Positionspapier: Intelligente Heimvernetzung Komfort – Sicherheit – Energieeffizienz – Selbstbestimmung.* Frankfurt am Main, 2010

Wedemeier, C.: *Vernetztes Wohnen – Konzept und Umsetzung in Wohnungsgenossenschaften.* Unveröffentlichtes Manuskript, 2011

Weiß, C.: *Fördermaßnahmen des BMBF zu "Altersgerechten Assistenzsystemen": Erste Ergebnisse.* VDI/VDE Innovation + Technik GmbH. Projektträger für das BMBF. PowerPointPräsentation. Frankfurt am Main, 26.09.2011

Weltgesundheitsorganisation WHO: *Aktiv Altern: Rahmenbedingungen und Vorschläge für ein politisches Handeln.* Ein Beitrag der Weltgesundheitsorganisation für die Zweite UN-Weltversammlung zu Altersfragen in Madrid. Genf: WHO, 2002

Wichert, R. & Eberhardt, B.: *Ambient Assisted Living.* 4. AAL-Kongress 2011. Berlin: Springer Verlag, 2011

Links

das AAL-Magazin - 1/2011, Seite 18-21, Interview mit Prof. Klaus-Dieter Henke, http://www.aal-magazin.de/uploads/media/AALmagazin_Ausgabe_01_2011.pdf,
Stand: 03.01.2012

degewo, Download-Seite, Artikel zur Stadtrendite

http://www.degewo.de/content/de/Unternehmen/4-11-Downloads.html

Stand: 03.01.2012

Fachmesse Medica, "Megatrend Ambient Assisted Living"

http://www.heise.de/newsticker/meldung/Medica-Megatrend-Ambient-Assisted-Living-217889.html

Stand: 04.01.2012

Weiterführende Links

http://www.aal-deutschland.de/ (Kooperationsseite BMBF und VDI/VDE)

http://www.aal-europe.eu/

http://www.aal-kongress.de

http://www.zukunftsforum-langes-leben.de/ (Vorträge sind nur für angemeldete Mitglieder sichtbar)

http://www.nullbarriere.de

http://www.barrierefrei-leben.de

Glossar

Ambient Assisted Living (AAL):

Entwicklungen von Assistenzsystemen, die die potenziellen Nutzer und Nutzerinnen in ihren alltäglichen Handlungen so gut wie möglich und nahezu unmerklich unterstützen und ihnen Kontroll- und Steuerleistungen abnehmen sollen. AAL beruht auf dem Einsatz von Informations- und Kommunikationstechnik in den Gegenständen des täglichen Lebens und in der unmittelbaren Wohnung und Wohnumwelt.
(Definition laut VDE-Positionspapier)

Altersgerechte Assistenzsysteme für ein unabhängiges und gesundes Leben.

Unter Ambient Assisted Living (AAL) werden Konzepte, Produkte und Dienstleistungen verstanden, die neue Technologien und soziales Umfeld miteinander verbinden und verbessern mit dem Ziel, die Lebensqualität für Menschen in allen Lebensabschnitten zu erhöhen.

(Definitionen laut Bundesministerium für Bildung und Forschung)

Altersgerechtes Wohnen:
Diese Wohnform umfasst neben den baulichen Anforderungen an die Wohnung auch Anforderungen an die barrierefreie/-reduzierte Gestaltung des Wohnumfeldes, infrastrukturelle und soziale Angebot vor Ort sowie die Möglichkeit, bei Bedarf auf Unterstützungsangebote zurückgreifen zu können.
(In Anlehnung an das Bundesministerium für Verkehr, Bau und Stadtentwicklung)

Barrierefrei:

Minimale Standards, um eine Wohnung als barrierefrei bezeichnen zu können:

- Der Zugang zur Wohnung muss möglichst barrierefrei gestaltet sein (nicht mehr als drei Stufen zum Haus oder Wohnungseingang).
- Innerhalb der Wohnung oder zu Balkon oder Terrasse sind keine Schwellen zu überwinden.
- Die Türen im Sanitärbereich verfügen über eine ausreichende Breite (z.B. für Rollstuhlfahrer) und es gibt ausreichend Bewegungsflächen.

- Es steht eine bodengleiche Dusche zur Verfügung.

(In Anlehnung an das Bundesministerium für Verkehr, Bau und Stadtentwicklung)

Daneben ist eine Orientierung an der **DIN-Norm 18025**, gerade bei Neubaumaßnahmen, möglich. Auch zum Erhalt von Förderprogrammen, wie bspw. von der KfW, sind die Einhaltung gewisser Mindeststandards notwendige Voraussetzung (siehe Bundesministerium für Verkehr, Bau und Stadtentwicklung, Altersgerecht Umbauen 2010).

Barrierearm/barrierereduziert

Barrierearme Anpassung wird als Bündel an Maßnahmen zur Barrierereduzierung im Bestand zur Erhöhung der Gebrauchstauglichkeit von Wohnungen definiert. Barrieren können nur dort reduziert werden, wo sie bereits bestehen, also im Bestand. Im Neubau sollte hingegen Barrierefreiheit nach DIN 18025/2 die Richtschnur sein. Barrierearm bedeutet dabei keineswegs deren „abgespeckte" und billigere Variante, sondern die größtmögliche Reduzierung von Barrieren unter Anerkennung evtl. einschränkender Rahmenbedingungen im Bestand.

(In Anlehnung an den VDW Rheinland-Westfalen, zu finden unter:

http://www.vdw-rw.de/fileadmin/www.vdw-rw.de/Aktuelles/Aus_der_Arbeit/Infoplattform/Literatur/Kurzfassung.pdf)

Smart Home/ Smart House/ Connected Home:

Mit dem Begriff „Smart Home" werden Lösungen im privaten Wohnbereich zusammengefasst, bei denen Geräte, Systeme und Technologien eingesetzt werden, die mehr Energieeffizienz, Wirtschaftlichkeit, Flexibilität und Sicherheit des häuslichen Wohnens schaffen. Ein Kernaspekt bei Smart Home ist die Vernetzung von Haustechnik und Hausgeräten, sowie der Kommunikations- und Medienelektronik zum Zweck der Haus- und Hausgeräte-Automation sowie zur besseren und komfortableren Information und Kommunikation.

(In Anlehnung an *Meyer*, 2010)

Smart Metering

Es gibt keine allgemeingültige Definition von Smart Metering. Folgende Funktionen können aber als gegeben angesehen werden:
- Automatische Verarbeitung, Transfer, Management und Verwendung von Messdaten

- Automatische Abwicklung von Messungen
- 2-Wege Datenübertragung mit Zählern
- Lieferung aussagkräftiger und zeitnaher Verbrauchsdaten an die relevanten Akteure und ihre Systeme, auch an den Energieverbraucher
- Unterstützung von Diensten, die die Energieeffizienz des Energieverbrauchs und Energiesystems verbessern (Erzeugung, Übertragung, Verteilung und vor allem Endnutzung)

(In Anlehnung an die European Smart Metering Alliance, zu finden unter:

http://www.esma-home.eu/UserFiles/file/downloads/Final_reports/D3%20Summary_de.pdf)

Printed in Poland
by Amazon Fulfillment
Poland Sp. z o.o., Wrocław